Mit den besten
Wünschen für 1985

Ihr Falk-Verlag

Das Jahr im Bild 1984

Carlsen Verlag · Reinbek

1. Auflage 1984
DAS JAHR IM BILD wurde am 31. Oktober 1984 redaktionell abgeschlossen.
Die Monate November und Dezember 1984 erfaßt das nächste Jahrbuch.
DAS JAHR IM BILD erscheint seit 1959. Dies ist der 26. Band der Reihe.

Gestaltung: Jan Buchholz & Reni Hinsch
Redaktion: Hartmut Heidler, Gerhard Richter
Gesamtherstellung: Hermann F. Stumme GmbH & Co., Hamburg · 80118425
ISBN 3-551-45084-6 · Bestellnummer 45084

INHALT

November	5
Dezember	15
Januar	21
Februar	29
März	41
April	49
Mai	59
Juni	65
Juli	73
August	79
September	87
Oktober	95
Chronik	99
Register	112

NOVEMBER

1

Die große Welt der Computer öffnet sich dem breiten Publikum (1). Der Knüller im Weihnachtsgeschäft sind Heim- und Schachcomputer. Sie laufen, so die übereinstimmende Meinung der Kaufhäuser, „ganz toll".
Für Videospiele, denen die umsatzstärksten Häuser gesonderte Abteilungen eingerichtet haben, schwänzen Jugendliche die Schule. „Starr ist der Blick des Fünfzehnjährigen. Seine Zähne nagen an der Unterlippe, während er mit der rechten Hand den Steuerhebel umkrampft", umschreibt ein Reporter das Engagement vor den buntflimmernden Automaten. Es piepst, es kracht, monotone Computerstimmen krächzen. Die elektrische Eisenbahn, das Autorennspiel sind dem stieren Blick auf den Bildschirm unterlegen.
Aber die Computereuphorie wirft ihre Schatten voraus. Von einer Verarmung zwischenmenschlicher Beziehungen ist die Rede – die Maschine als Ersatz für den Spielkameraden? Innere Leere und soziale Isolation seien die Folge, Spontaneität, Neugierde, die Lust am Spiel und am Spielen blieben auf der Strecke.
Die geheimnisvollen „Dinger", die spielen, nachdenken, rechnen und die Zeit stehlen, scheinen unsere Zukunft weit mehr zu bestimmen, als man bislang vorausahnen konnte. Den Angriff auf das Wohnzimmer und die Familie hat der Heimcomputer erfolgreich geführt. Künftig werden wir uns mit Begriffen wie „bytes", „bugs" und „link-ups" anfreunden müssen.

2

Was den Sowjets in Afghanistan recht war, ist den Amerikanern in Grenada billig. Am 25. Oktober landen Truppen der USA und sechs karibischer Staaten auf der kleinen Insel (2).
Die Invasion, so der US-Präsident Reagan, diene dazu, das „Chaos" auf Grenada zu beenden und „Recht und Ordnung" wiederherzustellen. Wenige Tage zuvor hatten linksradikale Putschisten den Ministerpräsidenten Maurice Bishop und mehrere seiner Minister und Gewerkschafter erschossen. Bishop, der neben Fidel Castro zu einer Symbolfigur für die revolutionären Bewegungen in der Karibik geworden war, hatte sich mit Kuba verbündet und einen strategisch wichtigen Flughafen am Südende der Insel bauen lassen.
Nach dem blutigen Putsch entsenden die Amerikaner rund 2000 Marineinfanteristen (3), die die etwa 1000 auf Grenada lebenden US-Amerikaner evakuieren sollen. Die militärische Intervention wird als Aktion zur Wiederherstellung der Demokratie gerechtfertigt und als „totaler Erfolg" gewertet. Die Amerikaner büßen mit dieser erneuten Einmischung in die inneren Angelegenheiten eines Staates, der in ihrem direkten Machtbereich liegt, viel an Sympathie ein.

3

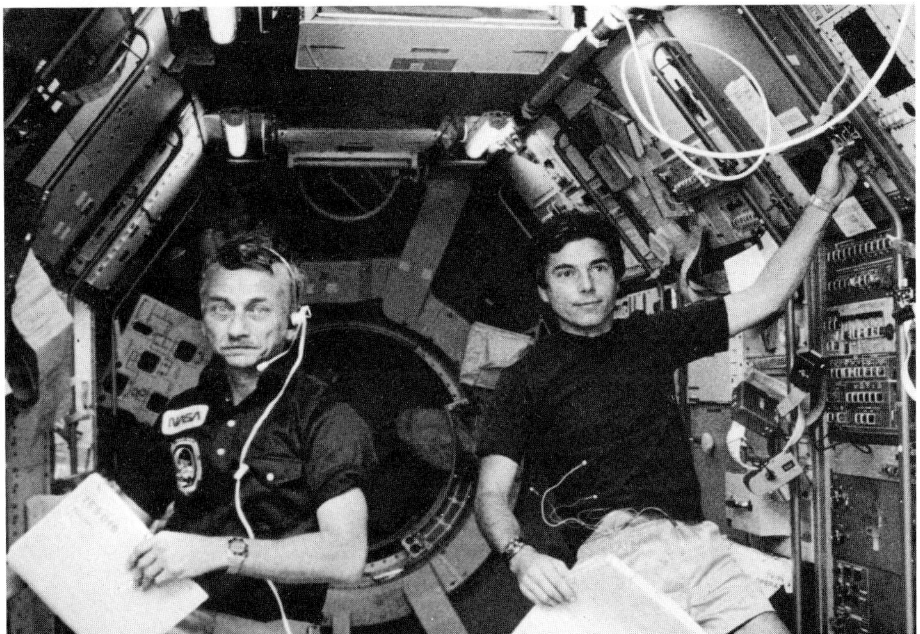

Ein Marktstein auf dem langen Weg der Türkei zurück zur Demokratie könnte der Sieg von Turgut Özal (4) sein. Am 6. November geht seine konservative Vaterlandspartei aus den ersten Parlamentswahlen nach der Machtübernahme der Militärs vom September 1980 als deutlicher Sieger hervor.

Ulf Merbold (rechts) ist der erste Bundesdeutsche im Weltraum (5). Nach sechsjähriger Vorbereitungszeit startet er am 28. November zu seinem Jungfernflug ins All. Zahlreiche Experimente werden im mitgeführten Weltraumlaboratorium „Spacelab", das von den Europäern gebaut wurde, durchgeführt. Nach der Erforschung des Weltraums beginnt nun der Kommerz im Kosmos.

7

Wohl kaum ein Ereignis hat die Emotionen so geschürt, so viele Ängste geweckt wie die Stationierung von 108 Pershing 2 Mittelstreckenraketen und 96 Cruise Missiles in der Bundesrepublik.

Pazifisten und Kommunisten, Grüne wie Gewerkschafter, Spontis und viele Bürger waren sich einig in der Ablehnung der Nachrüstung. Es sollte weiter verhandelt werden, notfalls sei man zu Zugeständnissen an die Sowjets bereit. Dem „Wahnsinn Rüstung", der Nach-Nach-Rüstung sollte endlich Einhalt geboten werden.

Rund drei Millionen Menschen haben sich – in welcher Weise auch immer – aktiv an den Aktionen der Friedensbewegung beteiligt. Das Spektrum des Protestes reicht von Schweigeminuten in Schulen und Betrieben bis zu Großkundgebungen in Bonn, Stuttgart und Hamburg.

Vor dem US-Raketenstützpunkt Mutlangen üben Günter Grass, Heinrich Böll, der Berliner Pastor Heinrich Albertz und rund 1000 Bürger offenen Ungehorsam – sie blockieren die Einfahrt des künftigen Pershing-Depots. Doch alle öffentliche Erregung ist umsonst. Es wird stationiert. Riesige Galaxy-Transporter bringen die heiße Fracht über den großen Teich nach England und in die Bundesrepublik (6). Und die amerikanischen Soldaten zeigen offen, welcher Waffengattung sie angehören (7). Die bange Frage bleibt: Wohin treibt die Rüstungsspirale?

8

Einer Zerreißprobe ist die SPD in diesen Tagen ausgesetzt. Über die Frage der Nachrüstung streiten sich die Geister. Altbundeskanzler Helmut Schmidt ist dafür, die Masse seiner Parteigenossen hat ihre Meinung geändert. Trotz einer mutigen Rede unterliegen Schmidt und die Pro-Nachrüster auf einem Sonderparteitag klar (9). Damit distanzieren sich die Sozialdemokraten vom NATO-Doppelbeschluß, den sie vor Jahresfrist als Regierungspartei noch mitgetragen hatten.
Im Bundestag wird am 21. und 22. November heiß diskutiert. Unüberbrückbar scheinen die Gegensätze zwischen Regierung und Opposition. SPD und Grüne wiederholen ihr Nein zur Nachrüstung, die CDU/CSU und die FDP halten am NATO-Doppelbeschluß fest. In der Bonner Innenstadt kommt es zu Protesten und Demonstrationen (8).

9

10

11

„Es gibt eine Mehrheit links von der Mitte", hatte Willy Brandt einst orakelt. Schon früher als erwartet ist es soweit: Nur mit den Stimmen der Grünen kann Holger Börner hessischer Ministerpräsident bleiben. Zweimal wird gewählt und monatelang verhandelt, bis nach fast zwei Jahren am 4. Juli 1984 Hessen wieder eine gewählte Landesregierung hat. Unser Foto (10) zeigt Holger Börner und Roland Kern während der zweiten Gesprächsrunde Ende November 1983.
Das Schlagwort „Bleifrei" beherrscht den Autoherbst. Innenminister Zimmermann (11) will das umweltfreundliche, abgasarme Auto gegen die Industrie- und EG-Interessen bis 1986 durchboxen. Schon bald muß er erkennen, daß er sich übernommen hat.

12

„Das Ende zweier Wunderknaben." Ferdinand Graf von Galen (12), eigenwilliger Bankier und persönlich haftender Gesellschafter des vornehmen Frankfurter Bankhauses Schröder, Münchmeyer, Hengst u. Co. und Horst-Dieter Esch (13), Chef des Mainzer Baumaschinenkonzerns IBH, sind die Hauptpersonen im größten Bankenskandal der Nachkriegszeit. Nicht weniger als 900 Millionen Mark hat der Privatbankier seinem Großkunden geliehen – für einen Zins, der vier Prozent über dem normalen Satz lag. Doch der Graf hatte seine Rechnung ohne den Wirt gemacht. Als die aus 30 Firmen bestehende Baumaschinen-Holding immer neue Kredite brauchte, fiel das Finanzierungsmodell wie ein Kartenhaus zusammen. Graf von Galen wurde aller Ämter enthoben und setzte sich nach Kalifornien ab, gegen Esch wurde im März 1984 Haftbefehl erlassen. Leidtragende sind vor allem die Arbeiter und Angestellten der verschiedenen Konzerntöchter – wie die von Hanomag in Hannover (14).

13

14

Polit-Skandal in Bonn. Im November ist die Bonner Staatsanwaltschaft davon überzeugt, daß Wirtschaftsminister Graf Lambsdorff im Amt vom Flick-Konzern Geld für seine Partei angenommen hat. Als Gegenleistung soll sein Ministerium der Holding Steuererleichterungen in der Größenordnung von 800 Millionen Mark gewährt haben. Dafür sei eine steuerfreie Wiederanlage der rund 1,5 Milliarden Mark, die Friedrich Karl Flick (16), (vor dem nach ihm benannten Untersuchungsausschuß des Deutschen Bundestages) durch den Verkauf seines Daimler-Benz-Aktienpakets verfügbar hatte, möglich geworden. Tief verstrickt in den Skandal sind der ehemalige Flick-Generalbevollmächtigte Eberhard von Brauchitsch (15), der frühere Bundeswirtschaftsminister und heutige Dresdner-Bank-Chef Hans Friderichs und Graf Lambsdorff (17), den die Affäre im Juni 1984 zum Rücktritt zwingt.

18

19

Als am 11. November hochradioaktiver Schaum in die Irische See gepumpt wird, hält es das Management der größten Atommüllkippe und Nuklearwäscherei der westlichen Welt, Sellafield, nicht für nötig, das zuständige Ministerium zu informieren. Erst die Umweltorganisation Greenpeace, die immer wieder mit spektakulären Aktionen an die Öffentlichkeit tritt, macht den Unfall publik (18).

181 Menschen sterben in der Nacht zum 27. November auf dem Flug nach Madrid in den Trümmern eines Jumbo-Jets der kolumbianischen Fluggesellschaft „Avianca", elf überleben (19). Unfallursache: menschliches Versagen.

DEZEMBER

Für die Rekordsumme von umgerechnet 32,5 Millionen Mark wird am 6. Dezember im Londoner Auktionshaus Sotheby das Evangeliar Heinrichs des Löwen versteigert (20). Das außergewöhnliche Kunstmarkt-Ereignis dauert knapp drei Minuten. Den Zuschlag erhalten nach kurzem Bietgefecht zwei Antiquare, die das teuerste jemals auf einer Auktion verkaufte Kunstwerk für Auftraggeber aus Deutschland erwerben.

Die prächtige mittelalterliche Bibelhandschrift, 226 Seiten stark und mit Buchmalereien reich verziert, hatte Welfenherzog Heinrich der Löwe im 12. Jahrhundert anfertigen lassen. Jahrzehntelang galt das Prunkstück für Forschung und Öffentlichkeit als verschollen, und auch als es schließlich im Auktionskatalog von Sotheby wieder auftauchte, blieb der Anbieter anonym.

Daß der kostbare Welfenschatz nach 800jähriger Odyssee an seinen historischen Stammplatz heimkehren kann, ermöglichen der Bund, die Länder Niedersachsen und Bayern und die Stiftung Preußischer Kulturbesitz in einer gemeinsamen Aktion. Sie finanzieren den spektakulären Londoner Handel und erklären zu dem horrenden Einsatz von Steuergeldern, daß das Evangeliar zum „unverzichtbaren deutschen Kulturerbe" gehöre.

Neuer Besitzer des teuren Erbstücks wird Niedersachsen, das den übrigen Geldgebern aber zusagen muß, das bislang noch unerforschte Objekt der Wissenschaft zugänglich zu machen und es auch außerhalb der eigenen Landesgrenzen öffentlich ausstellen zu lassen.

20

21

Furore macht zum 4. Advent ein Literatentreffen in Heilbronn. Günter Grass, im Foto (21) mit Luise Rinser und Friedensforscher Mechtersheimer vor einem US-Depot, hält nach der Aufstellung neuer Atomraketen in der Bundesrepublik „Wehrkraftzersetzung" für geboten und ruft, gemeinsam mit gleichgesinnten Kollegen, die Bürger zur Wehrdienstverweigerung auf. Ganz wörtlich, so beruhigt er später erboste Gemüter, sei das nicht gemeint, aber man fürchte, daß die Bundeswehr ihren legalen reinen Verteidigungscharakter verloren habe.
Wechsel an der Spitze des Bundesverfassungsgerichts in Karlsruhe (22): Präsident Ernst Benda (rechts) übergibt nach zwölfjähriger Amtszeit die Leitung der höchsten deutschen Justizinstanz an seinen bisherigen Vize Wolfgang Zeidler (links). Das letzte BVG-Urteil, das unter Bendas Vorsitz gefällt wurde, setzte Maßstäbe für den Datenschutz. Die Richter erklärten am 15. Dezember die von Bonn geplante, jedoch heftig umstrittene Volkszählung für verfassungswidrig.

22

23

24

Bei einer Brandkatastrophe im Westberliner Polizeigefängnis am Augustaplatz kommen in der Silvesternacht sechs junge Ausländer ums Leben. Das Feuer haben die Abschiebehäftlinge in ihrer verbarrikadierten Zelle (23) selbst gelegt; offenbar wollten sie gegen ihre prekäre Lage und die schlimmen Haftzustände protestieren.
Die Verzweiflungstat, die fatal an den tödlichen Fenstersprung eines türkischen Asylbewerbers wenige Monate zuvor erinnert, bringt die für Asyl- und Ausländerpolitik Verantwortlichen in arge Bedrängnis. Berlins CDU-Innensenator Heinrich Lummer, im Foto rechts mit leitenden Beamten seiner Behörde (24), setzt zur Klärung der Brandumstände ein Untersuchungsgremium ein, auch ein Parlamentsausschuß befaßt sich mit dem Feuertod in der Zelle. Gegen vier Wachbeamte wird ein Strafverfahren eingeleitet, mangels Schuldvorwurfs aber später eingestellt.

25

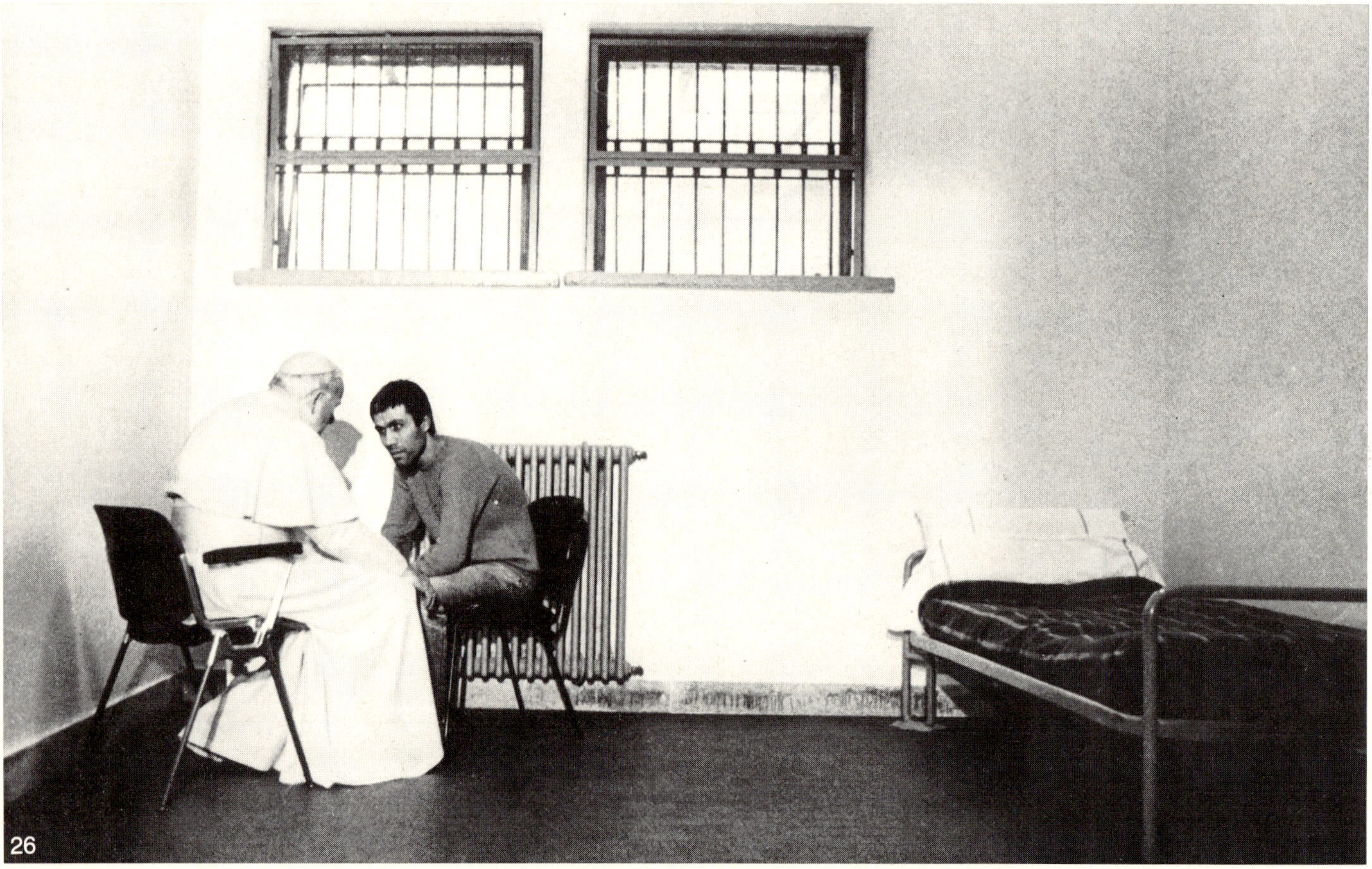

26

27

Danuta Walesa, die Ehefrau des polnischen Arbeiterführers Lech Walesa, nimmt am 10. Dezember in Oslo gemeinsam mit Sohn Bogdan den ihrem Mann zuerkannten Friedensnobelpreis entgegen (25). Selber mochte der Preisträger nicht kommen; Warschaus Machthaber hätten ihm vielleicht die Rückkehr nach Polen verwehrt.

Zum Ort der Versöhnung macht Papst Johannes Paul II. am Tage nach Weihnachten eine römische Gefängniszelle (26). Er besucht dort den Türken Ali Agca, jenen lebenslang einsitzenden Attentäter, der ihn im Mai 1981 mit zwei Schüssen schwer verletzte. „Ich habe mit ihm geredet wie mit einem Bruder, dem ich verziehen habe", sagt der Papst nach dem 20minütigen Vier-Augen-Gespräch. Sein Inhalt bleibt ein Geheimnis.

Jassir Arafat, im Überleben geübter Anführer der Palästinenser-Organisation PLO, nimmt es scheinbar gelassen (28): Zum zweitenmal in 15 Monaten wird er samt Anhängern aus dem Libanon verjagt – diesmal nicht von den Israelis, sondern von Feinden im eigenen Lager. Sie haben, vom radikalen Syrien unterstützt, gegen den gemäßigten PLO-Chef rebelliert und ihm einen blutigen Bruderkrieg geliefert. Auf dem Weg ins Exil macht Arafat überraschend bei Ägyptens Präsident Mubarak Station (27). Von ihm erhofft er sich Hilfe für seine Rest-PLO, dafür soll Ägypten, das 1977 mit Israel Frieden schloß, in die Arabische Liga zurückkehren.

28

29

Eine Welle der Begeisterung schlägt Argentiniens neuem Staatschef Raúl Alfonsín entgegen (29). Der linksliberale Führer der Radikalen Bürgerunion hat bei den Wahlen im Oktober einen Erdrutsch-Sieg errungen und wird am 10. Dezember, nach achtjähriger Militärdiktatur, als erstmals wieder demokratisch legitimierter Präsident vereidigt (30). Er tritt ein bedrückendes Erbe an: Der verlorene Falklandkrieg, Tausende Ermordete und Verschwundene, 400 Prozent Inflation, 40 Milliarden Dollar Auslandsschulden – die Generäle haben das lateinamerikanische Land gründlich ruiniert. Hoffnungsträger Alfonsín verspricht eine zügige Vergangenheitsbewältigung. Argentiniens Wirtschaft soll drastisch saniert, mit den Offizieren und ihren Verbrechen hart abgerechnet werden. Fraglich bleibt indes, ob sich die abgehalfterten Militärs das Strafgericht gefallen lassen.

30

JANUAR

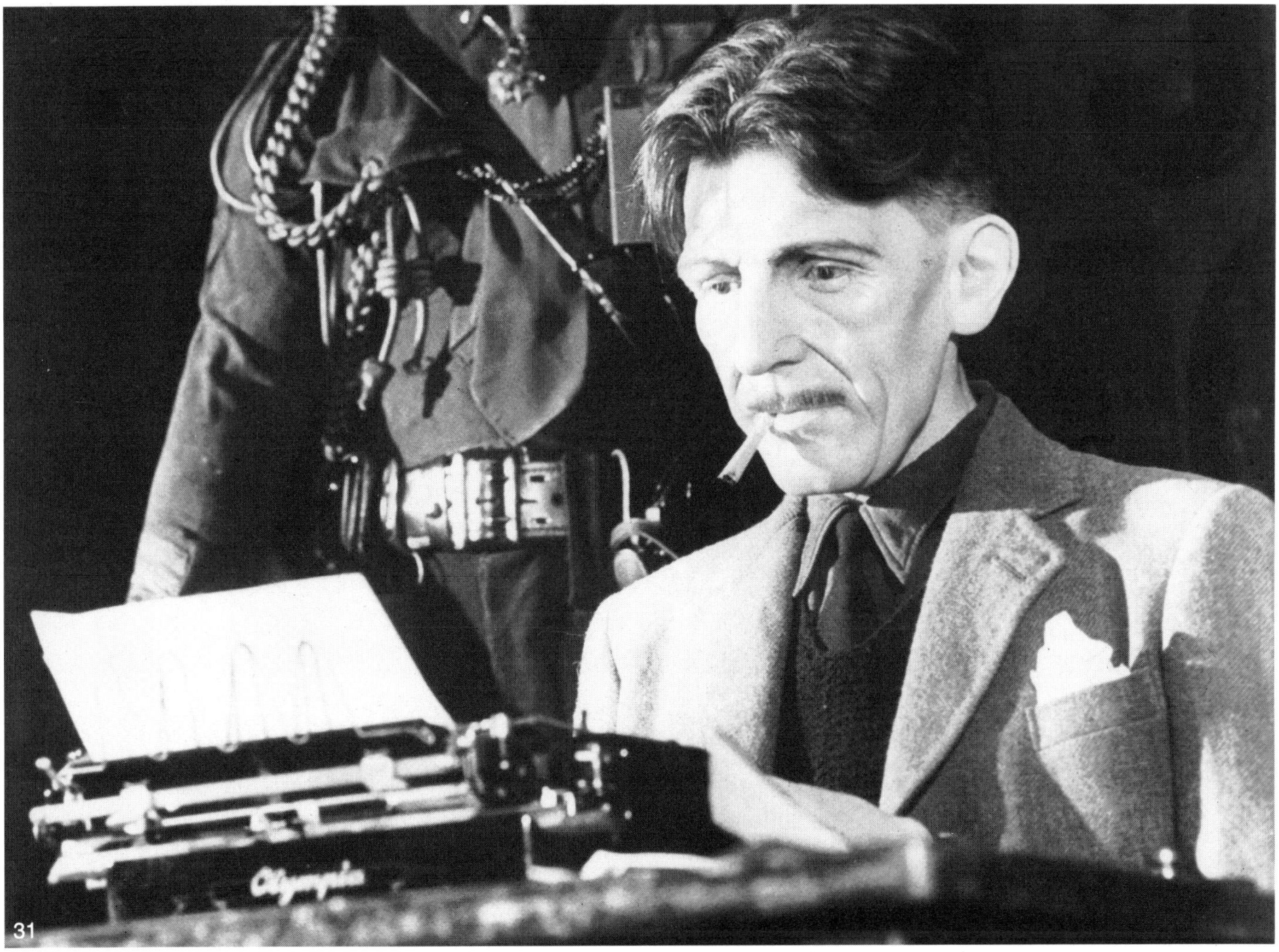

31

Zeitgerecht zu Beginn des Jahres, auf das der britische Schriftsteller George Orwell die düsteren Visionen des Zukunftsromans „1984" projizierte, wirft der „Große Bruder" auch im Londoner Wachsfigurenkabinett der Madame Tussaud seinen Schatten. Dort fand, zwischen Rock- und Tennisstars, ein lebensechtes Abbild des 1950 verstorbenen Autors in der von ihm erdachten Szenerie seinen Platz – an der Schreibmaschine sitzend, im Rücken einen drohenden Schergen der „Gedankenpolizei" (31). Madame Tussauds Beitrag zum Orwell-Jahr geht einher mit einer vom „Daily Telegraph" gedruckten Meinungsumfrage, in welchem Maße der Orwellsche Alptraum vom totalen Überwachungsstaat in den Augen der Bürger bereits Realität geworden ist. Danach glauben 38 Prozent der Deutschen, 37 Prozent der Schweizer und sogar 72 Prozent der Engländer, daß „es keine Privatsphäre gibt, weil die Regierung über einen alles erfahren kann, was sie wissen will".

32

Einen Reinfall erlebt Deutschlands größter Kaffeehändler Tchibo (32), als er Vorreiter Jacobs folgt und listig verpackt die Preise erhöht. Beide Branchenführer nutzten ein neues Röstverfahren aus. Es macht die Kaffeebohnen voluminöser und angeblich ergiebiger. Günstiger Nebeneffekt: Daß man statt 500 nur noch 400 Gramm in die Tüten füllt, fällt nicht sofort auf. Doch die Käufer durchschauen den Trick alsbald. Als sie zuhauf zur Konkurrenz überlaufen, wo es weiterhin die gängige Pfundpackung gibt, müssen die gebeutelten Röster einen Rückzieher machen: „Ihr Pfund ist wieder da", umwirbt Tchibo danach reumütig die versprengte Kundschaft.

Vollen Körpereinsatz verlangt Profis wie „Mr. Robot" (33) und Amateuren die jüngste Modewelle aus Amerika ab. „Breakdance" ist angesagt – eine zirkusreife Mischung aus Artistik, Pantomime und Pop-Gymnastik: Wo immer sie staunendes Publikum finden, verrenken sich Halbwüchsige um die Wette, mal geschmeidig, mal im Stakkato zu Disco-Rhythmen. Dabei kommt manche Mark zusammen, offen ist nur, wie lange. „Wenn das erst jeder kann", ahnt ein Breakdance-Jünger, „ist die Luft raus".

33

34

35

Für 1200 Teilnehmer im Raum Ludwigshafen bricht am Neujahrstag die Fernsehzukunft an (34): Neben den öffentlich-rechtlichen Sendern ARD und ZDF kommen ihnen über Kabel erstmals auch Programme von Privatveranstaltern ins Haus. Es ist der Einstieg in ein fragwürdiges Milliarden-Projekt von Postminister Schwarz-Schilling, der für künftiges Kommerz-TV die gesamte Bundesrepublik verkabeln will.

Bürgermeister von Weizsäcker ist mit von der Partie, als die betagte Berliner S-Bahn unter neuer Regie nach Lichtenrade rollt (35). Am 9. Januar übernimmt West-Berlin die Betriebsrechte für das auf seinem Terrain liegende Streckennetz, das bislang der DDR-Reichsbahn unterstand, dieser aber zu unrentabel wurde.

ver
en
-Centrum
-Georgsw
Hamburg-
Stillhorn
3 km
70-90
U 30

37

Hamburgs Regierungschef Klaus von Dohnanyi bekommt auf der Elbinsel Wilhelmsburg geballten Bürgerzorn zu spüren (37). Die Bewohner dieses Stadtteils sind es leid, daß ihnen die Hansestadt ständig die Problem-Abfälle vor die Türen kippt. Ihre Furcht gilt nicht nur der Ablagerung von schwermetallhaltigem Klärschlamm und Hafenschlick, sondern vor allem der benachbarten Deponie Georgswerder (36), in der eine Zeitbombe tickt: Aus dem größten Müllberg Europas, wo sich hochtoxische Substanzen wie E 605 tonnenweise türmen, sickert seit geraumer Zeit das tödliche Seveso-Gift Dioxin ins Grundwasser. Ob sie denn das Obst und Gemüse aus ihren Gärten überhaupt noch essen können, ob sie nicht mit erhöhtem Krebsrisiko und Erbschäden bei ihren Kindern rechnen müssen, wollen die betroffenen Anwohner vom Bürgermeister endlich wissen. Von Dohnanyi verspricht Aufklärung und Hilfe. Um mögliche politische Versäumnisse soll sich ein Untersuchungsausschuß kümmern, um eine dauerhafte Sanierung der 1979 geschlossenen Chemiehalde ein internationales Expertengremium. Eine Musterlösung, wie derart gefährliche „Altlast-Stätten" sicher von der Umwelt abgeschottet werden können, scheint dringend geboten. Denn Georgswerder ist zwar der Paradefall, aber nicht die einzige bedrohliche Giftmüllkippe in der Bundesrepublik – insgesamt gibt es davon mindestens 1500.

38

39

40

Als zweiter Kanzler der Bundesrepublik nach Willy Brandt vor elf Jahren reist Helmut Kohl Ende Januar nach Israel. Von der Visite erhoffte man sich eine Festigung der deutsch-israelischen Beziehungen, stattdessen werden alte Wunden wieder aufgerissen (40) und neue Gegensätze verschärft (38). Enttäuscht sind am Ende beide Seiten – Kohl über die starre Haltung Jerusalems im Nahostkonflikt, die Gastgeber, weil sie beim deutschen Kanzler Konsequenzen aus der von ihm ständig betonten besonderen Verantwortung für Israel vermissen. Allzu unbefangen, so scheint es, absolviert Kohl, auch in der Holocaust-Gedenkstätte Jad Waschem (39), sein Besuchsprogramm, allzu oft unterschätzt er die Empfindlichkeiten der Israelis. Herbe Kritik erntet Kohl vor allem wegen der geplanten deutschen Waffenlieferungen an Saudi-Arabien. Israel sieht dadurch seine Sicherheit bedroht und unterstellt Bonn, auf Kosten des jüdischen Volkes mit dessen potentiellen Feinden Geschäfte zu machen.

41

42

Blutige Unruhen, die weit über hundert Todesopfer fordern, erschüttern in der ersten Januarwoche Tunesien (41). Anlaß für den Aufruhr ist eine Verdoppelung der Preise für Brot und andere Getreideprodukte, nachdem die Regierung zwecks Verringerung ihres Haushaltsdefizits die Subventionen für diese wichtigen Grundnahrungsmittel gestrichen hat.
Die Ausschreitungen beginnen im armen Süden des Landes, wo die massive Verteuerung die Bevölkerung besonders hart trifft. Als die Brotrevolte schließlich auch auf die Hauptstadt Tunis überspringt, verhängt Präsident Burgiba zunächst den Ausnahmezustand; drei Tage später jedoch nimmt er über Rundfunk und Fernsehen die Preiserhöhung zurück, stempelt den Innenminister zum Sündenbock und enthebt ihn des Amtes.
Das Machtwort des seit 1956 herrschenden greisen Staatschefs, der von der Mehrheit seines Volkes als politisches Denkmal verehrt wird, löst landesweit frenetischen Jubel aus (42) und läßt dann wieder Ruhe einkehren – was allerdings nicht darüber hinwegtäuschen kann, daß Burgiba erstmals dem Druck der Straße nachgeben mußte und daß Tunesiens legendäre Stabilität womöglich der Vergangenheit angehört.

Neuer Anlauf zum Ost-West-Dialog in Stockholm (43): Sowjet-Außenminister Gromyko und sein US-Kollege Shultz, die sich monatelang nichts mehr zu sagen hatten, treffen am 18. Januar in der schwedischen Hauptstadt, am Rande der soeben eröffneten „Konferenz für Vertrauensbildung und Abrüstung in Europa" (KVAE), zu einer fünfstündigen Unterredung zusammen. Das Gespräch findet in sachlicher Atmosphäre statt; dies läßt Hoffnung aufkeimen, daß die Supermächte auch ihre im November 1983 abgebrochenen Genfer Raketenverhandlungen wiederaufnehmen.

„Amerika steht wieder groß da in der Welt, aber unser Werk ist noch nicht vollendet." Mit diesen Worten wendet sich US-Präsident Ronald Reagan Ende Januar an die Nation (44) und verkündet, daß er am 6. November für eine zweite Amtsperiode kandidieren werde. Den Wiedereinzug ins Weiße Haus wird ihm wohl niemand verwehren: Im eigenen republikanischen Lager hat Reagan keinen Rivalen, vor seinem demokratischen Widersacher Mondale sehen ihn Umfragen klar in Front.

FEBRUAR

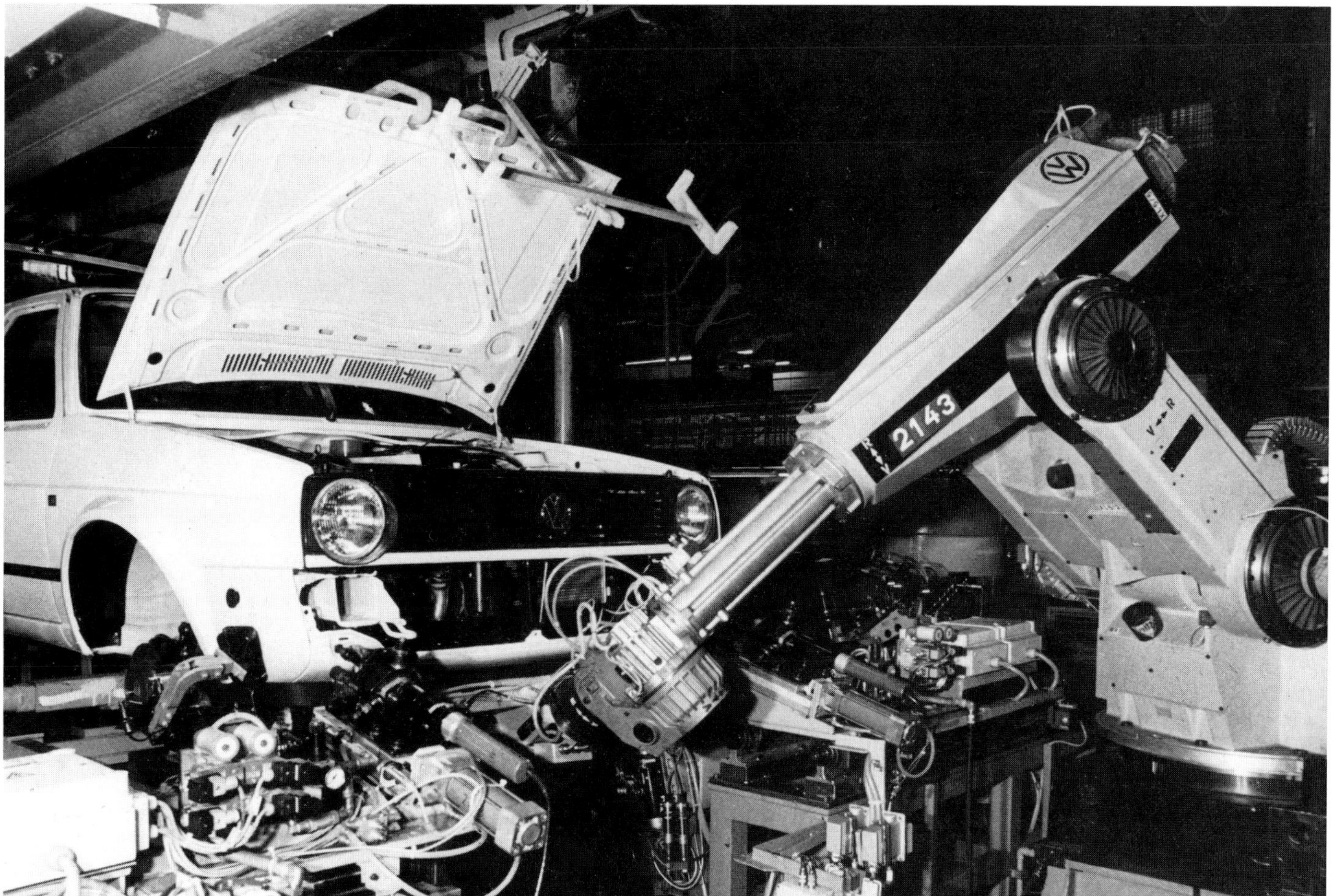

Ein Bild wie aus einem Science Fiction-Film. In den Fertigungshallen der großen Automobil-Konzerne halten die Roboter Einzug. Die Automaten bauen Motoren ein, ziehen Schrauben an, befestigen Treibstofftanks und Benzinleitungen. Die schon über 50 Jahre bekannten Fließbänder, an denen viele Menschen stehen, die immer wieder dieselben Handgriffe tätigen, werden zunehmend automatisiert.
In der Fertigungshalle 54 des Volkswagenwerkes in Wolfsburg (45) überwachen nur noch wenige Fachkräfte die Roboter.
Diese Entwicklung hat – wie so viele – zwei Seiten: Zum einen werden dadurch Menschen arbeitslos, die zuvor das gemacht haben, was nun die Roboter viel schneller und präziser erledigen. Zum anderen ist Fließbandarbeit menschenunwürdig. Diejenigen Menschen, die dort eingesetzt waren, könnten sinnvollere Arbeit tun. Angesichts der über zwei Millionen Arbeitslosen eine utopische Vorstellung.

46

47

48

Eberhard Diepgen (46) ist neuer Regierender Bürgermeister von Berlin. Am 9. Februar wird er Nachfolger Richard von Weizsäckers, der als Kandidat der CDU/CSU für die Bundespräsidentenwahl sein Amt zur Verfügung stellt. Gut ein Jahr hat Diepgen Zeit, um sich zu profilieren. Er muß 1985 gegen den Sozialdemokraten Hans Apel antreten.

Der Herstatt-Prozeß: Der 70jährige Iwan D. Herstatt (47) muß sich dafür verantworten, im Jahre 1974 beim Zusammenbruch seiner Bank „betrügerischen Bankrott" versucht zu haben. Nach nur elf Verhandlungstagen wird der „Pleitebankier" zu viereinhalb Jahren Haft verurteilt. Vorausgegangen war ein jahrelanger Gutachterstreit um den Gesundheitszustand und die Verhandlungsfähigkeit Herstatts.

Bremer Schüler besetzen ihre Schule. Das ist die Reaktion auf die Ankündigung des sozialdemokratischen Bildungssenators Franke, in den nächsten Jahren 38 bremische Schulstandorte aufzugeben und 70 Schulen schließen bzw. verlagern zu wollen. Nach Schulschluß weigern sich die Gymnasiasten, das Haus zu verlassen (48). Viele bleiben sogar über Nacht in den Klassenräumen. Der Schulkampf in Bremen ist der Auftakt einer Entwicklung, die mit dem sogenannten „Pillenknick" begonnen hat. Die geburtenschwachen Jahrgänge sind einerseits von den Schulen heiß umworben, andererseits werden die abnehmenden Schülerzahlen von den Politikern oft als Argument herangezogen, um Einsparungen auf dem Bildungssektor vorzunehmen.

49

50

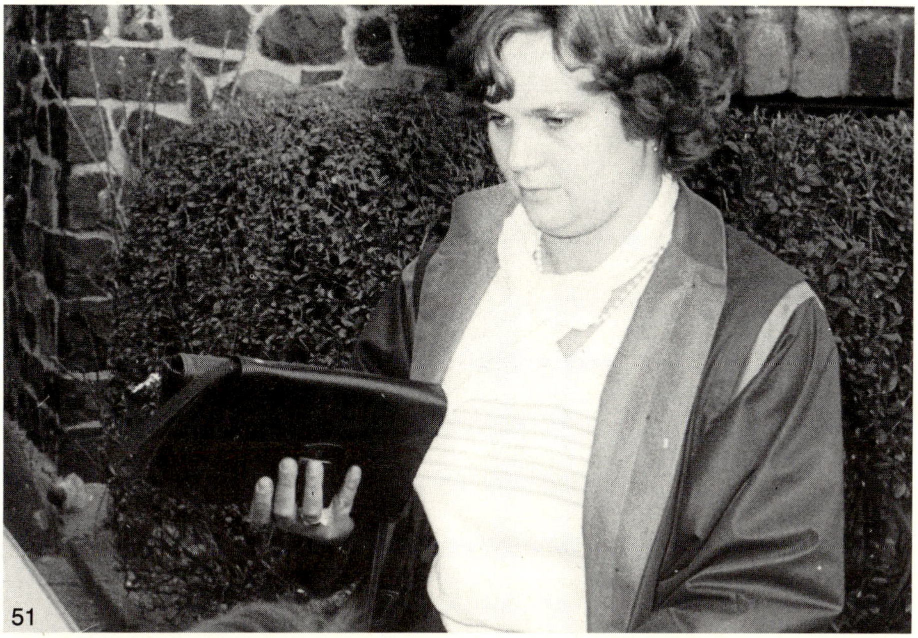

51

52

Ende der fünfziger und Anfang der sechziger Jahre kamen Millionen von Gastarbeitern in die Bundesrepublik Deutschland. Damals lief die Konjunktur auf vollen Touren, es herrschte nicht Voll-, sondern sogar Überbeschäftigung. Mittlerweile hat sich die Situation auf dem Arbeitsmarkt dramatisch verändert. Die, die man damals dringend brauchte, sind jetzt nicht mehr gefragt. Mit einer staatlich geförderten „Rückkehrhilfe" sollen nun viele wieder ihre Koffer packen (50), denen Duisburg oder Gelsenkirchen inzwischen zur zweiten Heimat geworden war. Während der Nacht hat der ehemalige Mannesmann-Arbeiter Ahmet Ösgün in einem Güterwagen seine Habseligkeiten verstaut (49). Nach 13 Jahren kehrt der 42jährige Türke mit seiner Familie in seine Geburtsstadt Sivas zurück.

Am 24. Februar flüchtet eine Nichte des DDR-Ministerpräsidenten Willi Stoph (51), mit Ehemann und Kindern in die Botschaft der Bundesrepublik in Prag. Nach langem Hin und Her kann die Familie in die Bundesrepublik ausreisen. Die spektakuläre Flucht der Ministerpräsidenten-Nichte ist Ausdruck einer Entwicklung, die wenige Wochen zuvor begonnen hat. Sechs DDR-Bürger hatten am 20. Januar versucht, in die amerikanische Botschaft in Ost-Berlin zu flüchten und dadurch die Übersiedlung in den Westen zu erzwingen.

Westdeutschen Quellen zufolge, möchten 400 000 bis 500 000 Bürger die DDR verlassen. Obwohl die Ausreiseanträge seit Beginn des Jahres zügiger bearbeitet werden und auch Tausende aus der DDR legal ausreisen können – hier bei der Ankunft im Notaufnahmelager Gießen (52) – wird in der Ständigen Vertretung der Bundesrepublik Deutschland in Ost-Berlin immer wieder um politisches Asyl nachgesucht.

53

54

55

Olympische Winterspiele in Sarajewo: Zum unvergessenen Erlebnis und Traumtanz auf dem Eis wird der Auftritt des englischen Paares Jayne Torvill und Christopher Dean. Überlegen gewinnen die beiden den Eistanz. In einer von Eleganz und Akrobatik bestimmten Kür (55) verzaubern sie das Publikum und die zwölf Preisrichter, die alle die Traumnote 6,0 geben.

Auch für die Sportler der Bundesrepublik Deutschland gibt es Anlaß zur Freude. Drei Tage nach seinem überlegenen Biathlon-Olympiasieg über 20 Kilometer verpaßt Peter Angerer auf der Sprint-Strecke dieser Disziplin nur um Zentimeter die Goldmedaille (53). Er wird hinter dem Norweger Eirik Kvalfoss Zweiter.
Im Rodel-Doppelsitzer ist die Entscheidung denkbar knapp. Mit nur vier Hundertstel Vorsprung holen die Berchtesgadener Hans Stanggassinger und Franz Wembacher (54) die zweite Goldmedaille für die Bundesrepublik.

Aufruhr im 730-Millionen-Land Indien: Extremisten der rebellischen Sikhs terrorisieren den Nordwesten des Landes (56), ermorden Prominente und bedrohen die Regierungschefin Indira Gandhi.

Indiens reichste Provinz, das Fünfstromland Pandschab, droht im Bürgerkrieg zu versinken. Die Sikhs sind eine Sekte, die sich Ende des 15. Jahrhunderts von der Kastengesellschaft der Hindus abgespalten hatte. Knapp zehn Millionen von ihnen leben in Indiens Kornkammer und blühender Provinz, dem Pandschab. Aber auch dort stellen sie nur die Hälfte der Bevölkerung, im restlichen Indien sind sie eine verschwindende Minderheit, die sich von den Hindus politisch und kulturell unterdrückt fühlt. Daher verlangen die Sikhs weitgehende politische Autonomie, radikale Gruppen fordern einen unabhängigen Staat.

Mit der Unterzeichnung eines revidierten Konkordats haben der Vatikan und der italienische Staat nach 16jährigen Verhandlungen ihr Verhältnis auf eine neue Grundlage gestellt. Der römische Katholizismus ist nun nicht mehr Staatsreligion, Rom wird der Status einer „Heiligen Stadt" aberkannt und der Religionsunterricht in öffentlichen Schulen auf freiwillige Basis gestellt. Ministerpräsident Bettino Craxi und der vatikanische Außenminister, Kardinal Agostino Casaroli, unterzeichnen am 18. Februar das wichtige Dokument (57).

56

57

58

59

Nur für 15 Monate ist Jurij Andropow der erste Mann der Großmacht Sowjetunion. Nach langem Leiden stirbt er, nur 69jährig, am 9. Februar. Die Beisetzung findet fünf Tage danach statt (58). Schon zur Zeit seiner überraschenden Nominierung war Andropow – wie erst nach seinem Tode offiziell bestätigt wird – krank. Er litt an Diabetes, schwerer Arterienverkalkung und Bluthochdruck. In seiner kurzen Amtszeit hatte Andropow versucht, mit einer Kampagne gegen „Schlendrian und Disziplinlosigkeit" die Korruption zu unterbinden und das „süße Leben" einiger Parteifunktionäre zu beenden.

Andropows Kampf gegen die Verkrustungen des Systems war offensichtlich auch im Politbüro, dem Machtzentrum der Sowjetunion, umstritten. Es ist daher keine Überraschung, daß nach seinem Tode wieder der konservative Flügel an Macht gewinnt. Mit Konstantin Tschernenko (59) wird ein 72jähriger, und ehemals enger Vertrauter Breschnews, neuer KP- und Staatschef der Sowjetunion.

60

LKW-Blockaden in Frankreich, Österreich und Italien: In einer überraschenden Aktion legen Tausende von Lastkraftwagenfahrern den Frachtverkehr lahm, um gegen Bürokratismus und Schikanen der Zöllner an den Grenzen zu protestieren. Kilometerlange Schlangen sind die Folge. Am Brenner bleibt der Güterverkehr durch LKW-Sperren blockiert. Es kommt zu bis zu 18 Kilometer langen Rückstaus. Hier eine LKW-Blockade am 28. Februar zwischen Kufstein und Kirchbichl in Tirol auf der Autobahn Richtung Brenner (61).
Erst eine Woche danach rollt auf der Brenner-Autobahn, nachdem die italienische Regierung eine schnellere Abfertigung zugesagt hat, der Verkehr wieder reibungslos.
In Frankreich erreicht der Protest solche Ausmaße, daß rund 10 000 Laster den Autoverkehr auf den Fernstraßen praktisch unterbinden (60). Hier geht es neben der verbesserten Zollabfertigung auch um staatliche Hilfen und flexiblere Wochenarbeitszeiten.

61

62

63

Amerikanische „Marines" verlassen Beirut (62). Am Freitag, dem 17. Februar, unterzeichnet der amerikanische Präsident Reagan eine Anweisung zur Verlegung der Marineinfanteristen aus Beirut auf Schiffe vor der Küste des Libanon. Einen Monat danach geben auch die Franzosen den Versuch auf, durch eine internationale Friedenstruppe die Wogen im Libanon glätten zu können (63). Zu verwickelt sind dort die Probleme, als daß sie von Soldaten zu lösen wären. Aber auch auf politischer Ebene zeichnet sich kein tragfähiger Kompromiß ab. Waffenstillstandsabkommen werden nur für Minuten oder Stunden eingehalten. Es wird weiter geschossen im Libanon.

Der erste Mensch schwebt frei im Weltraum: Am 7. Februar umrundet der 46jährige Astronaut Bruce McCandless ohne jede Verbindung mit dem Raumtransporter Challenger die Erde (64). Seine Geschwindigkeit beträgt dabei 28 000 Kilometer pro Stunde. Manövrieren kann er mittels eines steuerbaren „Rucksacks" und der darin befindlichen 24 Treibgasdüsen.

64

MÄRZ

65

Der als „Sprayer von Zürich" bekannte Schweizer Künstler Harald Nägeli vor einem seiner Bilder in Düsseldorf (65). Nägeli war von einem Schweizer Gericht wegen seiner Sprayaktionen in Abwesenheit zu neun Monaten Gefängnis ohne Bewährung und zu einem Schadensersatz von über 100 000 Schweizer Franken verurteilt worden, weil er in mehr als 100 Fällen öffentliche und private Bauwerke in Zürich und anderen Orten der Schweiz mit Figuren besprüht haben soll und damit gegen Schweizer Recht gehandelt hatte. Der Strafe hatte sich der Künstler durch seine Ausreise in die Bundesrepublik entzogen. Obwohl deutsche Schriftsteller für Nägeli eintreten und über eine Petition an die Behörden appellieren, dem Schweizer Auslieferungsgesuch nicht stattzugeben, wird der 44jährige Künstler am 24. April den eidgenössischen Behörden übergeben. Er hatte sich selbst gestellt, nachdem das Bundesverfassungsgericht es abgelehnt hatte, seine Verfassungsbeschwerde zur Entscheidung anzunehmen.

66

67

Die Affäre Kießling/Wörner, die schon seit Monaten Regierung, Medien und Bevölkerung beschäftigt, findet am 26. März mit der feierlichen Verabschiedung des Generals ihren vorläufigen Abschluß (66). Im Parlamentarischen Untersuchungsausschuß des Bundestages aber geht die Debatte weiter. Vor allem die Rolle des MAD (Militärischer Abschirmdienst) wird kritisch durchleuchtet. Die Ausschußmehrheit attestiert Wörner im Abschlußbericht, er habe „pflichtgemäß und rechtmäßig" gehandelt.
Ein deutsches U-Boot liegt im Hafen von Skagen (Dänemark) an der Leine (67). Die dänischen Behörden beschuldigen den Kommandanten, er habe mit seinem Schiff einen Kutter gerammt und „versenkt". Drei dänische Seeleute sterben bei der Kollision.

68

69

Bei den Kommunalwahlen in Bayern muß die CSU einen überraschenden Rückschlag in der Gunst der Wähler vor allem in München verkraften. Mit über 48 Prozent siegt Georg Kronawitter (SPD) deutlich vor Erich Kiesl (CSU, rechts), der auch in der erforderlichen Stichwahl klar unterliegt. Nicht gerade zufriedene Gesichter sieht man auf der CSU-Wahlparty im Münchener Hofbräukeller: links Gerold Tandler, in der Mitte Franz Josef Strauß und Erich Kiesl (68).
Wechsel in der Bundesanstalt für Arbeit. Seit Freitag, dem 30. März, ist Heinrich Franke (69) neuer Präsident. Er wird Nachfolger von Josef Stingl, der in den Ruhestand tritt. Gleich zu Beginn seiner Amtszeit steht Heinrich Franke vor schweren Entscheidungen. Während des Streiks in der Metallindustrie gibt er am 18. Mai bekannt, daß die vom Arbeitskampf nur mittelbar betroffenen Arbeitnehmer weder Kurzarbeiter- noch Arbeitslosengeld erhalten. Vor allem bei den Gewerkschaften stößt der „Franke-Erlaß" auf heftige Kritik. Sie rufen die Gerichte an. Schließlich entscheiden die Landessozialgerichte in Hessen und Bremen gegen Franke, der am 26. Juni seinen Erlaß wieder zurück nimmt.

70

VIDEO – die neue Technik erobert die Wohnzimmer der Deutschen, verändert die Sehgewohnheiten des sich sonst an drei Programmen orientierenden Publikums. Was als Sieg der Technik gefeiert wird, gerät zunehmend in die Schußlinie der Kritik. Eltern, Politiker, Kirchen und Pädagogen sind beunruhigt über ein Genre von Video-Kassetten, das so ziemlich alles über Bord wirft, was unter Menschenwürde verstanden wird – extreme Darstellungen von brutalen Grausamkeiten, Gewalttätigkeiten und menschenverachtenden Tötungshandlungen. Die Sorge, daß die Darstellung grausamer Verbrechen den Betrachter verrohen und brutalisieren könnte, ruft den Gesetzgeber auf den Plan. Ähnlich wie bei Kinofilmen soll auch bei Video-Kassetten der Jugendschutz verbessert werden (70). Gewaltverherrlichende und brutale Filme gehören verboten, fordern Kinderschutzbund, Kirchen und Politiker. Doch wo ist die Grenze? Wer entscheidet? Im Gespräch ist eine „freiwillige Selbstkontrolle" wie sie bei Kinofilmen seit 1949 praktiziert wird. Ob das freilich ein probates Mittel ist, Ekel-Schocker vom expandierenden Video-Markt zu verbannen, bleibt fraglich.

Nena-Tourneezug in Hamburg. Am 26. März tritt das Idol der Kinder und Teenager vor 6000 Fans in der Alsterdorfer Sporthalle auf (71). Der „stern" nennt sie den „singenden Zeitgeist". Die Platten der Gabriele Susanne Kerner – Markenname „Nena" – aus Hagen, die 1982 mit dem Schlager „Nur geträumt" im TV-Musikladen debütierte, erreichen inzwischen Millionenauflagen. Der Erfolgssong „99 Luftballons" stößt sogar an die Spitze der internationalen Hitlisten vor.

71

72

Am 9. März wird die Neue Staatsgalerie Stuttgart, einer der wichtigsten Museumsneubauten der letzten Jahre, offiziell eingeweiht. Damit findet die hervorragende Stuttgarter Sammlung zur Kunst des 20. Jahrhunderts ein würdiges Ambiente. Selten ist über ein Bauwerk von der Idee über das Modell bis zu seiner Vollendung so leidenschaftlich diskutiert worden. Der englische Architekt James Stirling schuf einen wuchtigen Bau aus Naturstein, mit Stahlgerüsten und Popfarben – ein postmodernes Monument für die moderne Kunst. Hier das Mittelstück des von Stirling entworfenen Anbaus der Stuttgarter Staatsgalerie (73); und ein Blick in die Flucht der Bildersäle (72).

73

74

75

76

Zum zweiten Mal innerhalb von vier Monaten scheitert eine Gipfelkonferenz der Staats- und Regierungschefs der Europäischen Gemeinschaft an der starren Haltung der britischen Premierministerin Margaret Thatcher – hier auf der anschließenden Pressekonferenz (75). Einmal mehr geht es um die Frage des Beitragsnachlasses für Großbritannien. Nach zweitägigem Ringen gehen die Regierungschefs am späten Dienstagabend, dem 20. März, in Brüssel ergebnislos auseinander. Das obligate Gruppenbild verrät nichts von den internen Querelen (76). Zuvor hatten sich allerdings die Agrarminister der EG-Staaten über bestimmte Reformen und neue Preise verständigt.
Auch der französische Ministerpräsident François Mitterrand, der die Sitzung der Staats- und Regierungschefs der Zehnergemeinschaft leitet, kann das Klima in dieser Verhandlungsrunde nicht wesentlich verbessern (74).

77

Der Krieg zwischen dem Iran und dem Irak wird immer härter. Dieses Foto soll der Weltöffentlichkeit beweisen, daß der Irak chemische Waffen im Kampf einsetzt (77). Ein Verdacht, der sich in den folgenden Wochen weiter verstärkt. Verwundete Soldaten werden in den Westen ausgeflogen. Untersuchungen bestätigen die Anschuldigungen Irans.
Krisengebiet Mittelamerika: In El Salvador wird die rechtsgerichtete Junta unter José Napoleón Duarte von den Amerikanern protegiert, seine Soldaten von Amerikanern ausgebildet. „Todesschwadronen" gehen gegen Bevölkerung und Aufständische rücksichtslos vor. Tausende von Menschen werden gefoltert und ermordet. Die Amerikaner drängen auf Wahlen, um das Regime Duarte demokratisch zu legitimieren. Am 25. März ist es soweit (78). Die Linke boykottiert die Wahlen. Duarte setzt sich schließlich in einer Stichwahl gegen den noch weiter rechts stehenden Major Roberto D'Aubuisson durch. Doch die blutigen Kämpfe im Land gehen weiter.

78

APRIL

79

„Rubbel Dich reich", heißt seit dem 2. April der Slogan der neuen Losbrieflotterie in Hamburg. Das gelb-rote Los kostet eine Mark und hat sechs Felder, deren Krönchen mit dem Fingernagel „abgerubbelt" werden müssen (79). Zeigen drei Felder den gleichen Betrag, hat man diesen gewonnen. Viele tausend Hamburger machen gleich am ersten Tag mit. In einer Woche werden rund vier Millionen Rubbellose abgesetzt. „Jedes sechste Los ein Treffer", garantiert der staatliche Veranstalter. Vor allem für die Staatskasse bleibt ein guter Schnitt. Ein Gewinn von sechs Millionen Mark pro Jahr wird nach dem erfolgreichen Start kalkuliert. Den Verkaufsrekorden folgt ein Versorgungsengpaß. Die englische Herstellerfirma kann die fälschungssicheren Lose so schnell nicht nachliefern. Doch bald läßt das Lotterie-Fieber nach. Das hat der Lotto-Geschäftsführer schon einkalkuliert. Mit neuem Design, neuen Losen und neuem Gewinnplan will er die Hamburger bei Laune halten. Andere Bundesländer erwägen, das Hamburger Rubbelspiel nachzuahmen.

80

Einer der besten deutschen Fußballspieler, der Stürmer Karl-Heinz Rummenigge (80), geht nach Italien. Am Donnerstag, dem 5. April, unterzeichnen der Kapitän der deutschen Fußballnationalmannschaft, Inter Mailand-Präsident Ernesto Pelligrini und Bayern-Präsident Willi O. Hoffmann den Zehn-Millionen-Kontrakt (81). Damit ist Rummenigge Europas teuerster Kicker.

81

82

83

Seit Jahren ist Michael Endes Buch „Die unendliche Geschichte" ganz oben auf den Bestsellerlisten. Nun kommt sein modernes Märchen als Film in die Kinos. Es geht um die Existenz des Landes „Phantasien". In einer Schlüsselszene macht sich der Held Atreyn zusammen mit einem fliegenden Glücksdrachen auf, um das Land vor dem Sturz in das Nichts zu retten (82). Der Film wird zum Erfolg. Michael Ende, der Autor des Buches, distanziert sich von dem Leinwand-Epos.
Unter dem Motto „Made in Germany" präsentiert die deutsche Industrie ihr Können und ihre Produkte in Japan. Vom 23. April bis zum 6. Mai geben mehr als 500 Aussteller aus den unterschiedlichsten Bereichen einen Querschnitt der Industrieproduktion und technologischen Leistungsfähigkeit der Bundesrepublik. Die größte und mit 130 Millionen Mark auch teuerste Leistungsschau der deutschen Industrie soll weniger dem unmittelbaren Verkauf als der Image-Werbung beim wichtigsten Handelspartner in Fernost dienen (83).

84

85

Nach jahrelangen Protesten wird am Donnerstagvormittag, dem 12. April, die Startbahn West des Frankfurter Flughafens in Betrieb genommen. Um 9.26 Uhr startet der Lufthansa-Jet „Lüneburg" planmäßig in Richtung Paris. Um die vier Kilometer lange und 60 Meter breite Betonpiste war es seit der ersten Baugenehmigung 1966 zu Kontroversen zwischen Befürwortern und Gegnern der Startbahn gekommen. Die einen stellten die Bedeutung des internationalen Flughafens Frankfurt und die Notwendigkeit zusätzlicher Flugbewegungen in den Vordergrund, die anderen machten dagegen geltend, daß der ökonomische Nutzen in keinem Verhältnis zum ökologischen Schaden stünde. Rund 195 Hektar Wald mußten gerodet werden. Auch nach Eröffnung der Startbahn kommt es – wie hier am 14. April – zu größeren Demonstrationen (84).

Am 4. April treffen sich in Bonn Tierversuchsgegner zu einer Demonstration. Auch die bekannte Schauspielerin Barbara Rütting (Bildmitte) engagiert sich (85). In der Bundesrepublik sterben bei Experimenten, die in Universitäten und Versuchslabors der Industrie durchgeführt werden, jedes Jahr sieben Millionen Tiere mehr oder weniger qualvoll. In Heidelberg dringen Tierschützer nachts in ein Labor der Universität ein und befreien 37 Katzen und vier Hunde. In anderen Orten werden Meerschweinchen, Hunde und Frösche in die Freiheit entlassen. Der Protest richtet sich auch gegen ein neues Tierschutzgesetz, das nach Ansicht vieler Kritiker „nicht die Tiere, sondern die Tierversuche schützt".

NEIN
Tierversuchen
TIERE
klagen an
Schluss
mit Qual
u. Folter
Was habe
ch getan?
ohne
Mitleid!
NEIN
versuchen

86

87

Überraschend wird am Sonntag, dem 1. April, der Autor Hans Peter Bleuel zum neuen Vorsitzenden des Verbandes Deutscher Schriftsteller gewählt. Sein im November 1983 mit dem gesamten Vorstand zurückgetretener Vorgänger Bernt Engelmann gratuliert ihm (86). Vorangegangen waren erbitterte Kontroversen um den politischen Kurs des Verbandes und um Engelmanns Verbandsführung. Ihm wurde vorgeworfen, allzu eigenmächtig gehandelt zu haben.
Am Gründonnerstag, dem 18. April, leistet Professor Dr. Julius Hackethal (87) einer 69jährigen Patientin nach eigenem Bekennen „indirekte aktive Sterbehilfe", indem er ihr Zyankali zukommen läßt. Damit ist der Streit um die aktive Sterbehilfe in ein neues Stadium getreten.

88

89

Mit einer faustdicken Überraschung endet die Fraktionssitzung der Grünen, die am Dienstagnachmittag, dem 3. April, zusammengetreten waren, um ihre drei gleichberechtigten Sprecher neu zu wählen. Sowohl Otto Schily als auch seine beiden Sprecher-Kolleginnen Mariellouise Beck-Oberdorf und Petra Kelly hatten Bereitschaft signalisiert, ihr Amt fortzuführen. Doch es kommt ganz anders. In der Nacht zum Mittwoch werden mit Waltraud Schoppe (zweite von rechts), Annemarie Borgmann (zweite von links) und Antje Vollmer (dritte von links) drei Frauen Fraktionssprecherinnen. Das „Feminat" vervollständigen Erika Hickel (Mitte, hinten), Christa Nickels (rechts) und Heidemarie Daun (links), die künftig als Parlamentarische Geschäftsführer der Grünen fungieren (88). Damit sind alle Schlüsselpositionen dieser Partei in Bonn von Frauen besetzt. Die Männer sehen sich plötzlich ins mittlere Management verwiesen. Nach dem Austritt von Gert Bastian aus der Fraktion und den Diskussionen um die Rotation der Abgeordneten nach zwei Jahren Bundestagszugehörigkeit steht die Partei vor einer neuen Zerreißprobe. Allen Unkenrufen zum Trotz erweist sich jedoch in den kommenden Wochen die neue Führungsmannschaft der Grünen als taktisch geschickt und politisch versiert. Mit ihrem Wirken wollen sie – nach eigenem Bekunden – „ein ermutigendes Signal für die Frauen der Bundesrepublik setzen, sich in die Politik einzumischen."

Die Bundeswehr hat Personalprobleme. Verteidigungsminister Manfred Wörner kann die Sollstärke der westdeutschen Wehr von 495 000 Mann über das Jahr 1987 hinaus nicht mehr garantieren. Verschiedene Vorschläge werden gemacht. Nicht nur die Dienstzeit in der Bundeswehr zu verlängern, steht zur Debatte, sondern auch ältere Wehrpflichtige und Frauen sollen Dienst tun. Sollte dieses Bild einer Oberärztin des Bonner Wachbataillons bei der Parade (89) künftig Soldatinnen-Alltag darstellen?

90

Im Jahre 1981 feierten die Stahlarbeiter von Lothringen den Wahlsieg des Sozialisten François Mitterrand noch ausgiebig. Nun, drei Jahre danach, reagieren sie auf die Ankündigung der Regierung in Paris, sie werde 20 000 Arbeitsplätze in der Stahlindustrie abbauen, mit Wut und Gewaltaktionen. Brutal geht die Polizei gegen demonstrierende und aufgebrachte Arbeiter vor, die Eisenbahnstrecken demolieren und Straßensperren errichten (90). Schließlich glättet Industrieminister Laurent Fabius, der kurze Zeit darauf Regierungschef wird, die Wogen.

Am 17. April feuert aus der libyschen Botschaft in London ein Mann mit einer Maschinenpistole auf eine Gruppe von Studenten, die gegen den libyschen Staatschef Muammar el-Gaddafi demonstriert. Zehn Menschen werden dabei zum Teil schwer verletzt. Eine junge Polizeibeamtin stirbt wenige Stunden später im Krankenhaus. Wegen des Vorfalls kommt es zu einer schweren diplomatischen Krise zwischen Libyen und Großbritannien, das am 23. April die diplomatischen Beziehungen abbricht, weil die Botschaftsangehörigen sich weigern, einer Untersuchung stattzugeben. Nachdem bewaffnete Polizeikräfte das Londoner Botschaftsgebäude überwachen und zur Absicherung eine riesige blaue Plane um das libysche „Volksbüro" spannen (91), wird die britische Botschaft in Tripolis ebenfalls von Soldaten umstellt. Erst am 27. April wird die Krise mit dem Abzug der Libyer aus London und der Rückkehr der britischen Botschaftsangehörigen bereinigt. Unangetastet und undurchsucht passiert das libysche Diplomatengepäck, in dem die Maschinenpistole, aus der der tödliche Schuß abgegeben wurde, vermutet wird, den britischen Zoll.

91

92

Der erklärte Antikommunist und US-amerikanische Präsident Ronald Reagan bereist ein kommunistisches Land. Am 26. April beginnt sein Besuch im Riesenreich China. Nach eingehenden Gesprächen mit den Führern Deng Xiaoping, Hu Yaobang und Li Xiannian, in denen es vor allem um Taiwan, Waffengeschäfte, Wirtschaftshilfen und kulturelle Zusammenarbeit geht, fliegen der Präsident und seine Frau für ein paar Stunden zu den Ausgrabungen der berühmten Tonfiguren-Armee aus der Quin-Zeit (200 v. Chr.) nach Yi'an (92). Im Jahre 1972 hatte Richard Nixon in einer historischen Reise nach Peking, von Henry Kissinger in geheimer Mission vorbereitet, hochgesteckte Erwartungen geweckt, die jedoch an der Wirklichkeit zerschellten. Der Reagan-Besuch sollte daher unterstreichen, daß Chinesen und Amerikaner nun zu einem realistischen, fast geschäftsmäßigen Umgang gefunden haben.

MAI

93

Am 12. Mai wird der neue Nürburgring eröffnet. Es ist zugleich Ende und Anfang einer Renn-Ära. Kuriose Wettkämpfe zwischen traditionsreichen Oldtimern und hochgezüchteten PS-Boliden stehen für den technischen Fortschritt, der die fast 60jährige Geschichte dieser legendären Rennstrecke begleitet hat (93).
Der weltberühmte 22,8 Kilometer lange Kurs, auf dem seit 1927 Rennen ausgetragen werden, galt als der schwierigste und schönste aller Rundkurse, aber über 300 Menschen kamen im und am Nürburgring um. Für bekannte Rennfahrer wie Hans Herrmann war der Ring „eine Herausforderung, der wir uns gestellt haben".
Aus der gefährlichsten Rennstrecke der Welt ist nun, so die Fachleute, die sicherste geworden. Sturzräume, Leitplanken und Schutzzäune halten das Risiko für Fahrer und Zuschauer so gering als möglich. Der neue Ring ist 4,5 Kilometer lang, 14 Kurven müssen durchfahren werden, der Höhenunterschied beträgt 56 Meter, die Durchschnittsgeschwindigkeit liegt bei mehr als 170 Stundenkilometern. Ein neuer Kurs – aber der Mythos des alten Nürburgrings mit seinen vielen spannenden Rennen und mutigen Fahrern – wie Caracciola, Fangio und Lauda – wird überdauern.

94

Der neugewählte Bundespräsident, Richard von Weizsäcker, begrüßt die Bevölkerung auf dem Bonner Marktplatz (94). Am 23. Mai siegt der ehemalige Regierende Bürgermeister von Berlin klar mit 832 von 1017 abgegebenen Stimmen gegen seine Gegenkandidatin, die Schriftstellerin Luise Rinser, die von den Grünen nominiert worden war.
Nach heftigem Widerstand in den eigenen Reihen und scharfer Kritik der Öffentlichkeit ziehen die Bundestagsfraktionen von CDU/CSU und FDP am 16. Mai ihren Gesetzentwurf über eine Amnestie für Steuerhinterziehung bei Parteispenden zurück. Die Fraktion der Grünen bringt am 11. Mai im Bundestag eine Große Anfrage ein, um in einer parlamentarischen Auseinandersetzung die Öffentlichkeit über das Ausmaß der verübten strafrechtlichen Delikte zu informieren. Von links: Otto Schily, Sprecherin Antje Vollmer und Bundesgeschäftsführer Eberhard Walde (95).

95

96

97

Am 28. Mai demonstrieren über 100 000 gewerkschaftlich organisierte Metaller für die 35-Stunden-Woche in Bonn (97). Der „Marsch auf Bonn" ist der Höhepunkt einer der längsten und am erbittertsten geführten Arbeitskämpfe in der Bundesrepublik. Zeitweise sind bis zu 350 000 Menschen ohne Arbeit. Gestreikt wird für die Einführung der 35-Stunden-Woche bei vollem Lohnausgleich. Die Arbeitgeber reagieren auf die Aktionen der IG Druck und Papier und der IG Metall mit Aussperrungen. In vielen Orten stehen die Druckmaschinen still, Tageszeitungen erscheinen nicht oder nur als Rumpfblätter. In der Automobilindustrie müssen die Fließbänder gestoppt werden, weil die Zulieferer bestreikt werden und daher wichtige Teile nicht mehr am Lager sind.

Erst am 28. Juni kommt es in der Metallindustrie zu einer Einigung. Als Schlichter bewährt sich der ehemalige Minister Georg Leber (96) – hier mit dem Stuttgarter Metall-Bezirksleiter Ernst Eisenmann (links) und dem Vorsitzenden des Verbands der Metallindustrie Hans Peter Stihl. Der Kompromiß sieht – je nach den betrieblichen Bedürfnissen – eine flexible Regelung vor, mit einer 38,5-Stunden-Woche und einer Vorruhestandsregelung ab 58 Jahren im Kern. Diese Vereinbarung soll ab 1. April 1985 gelten.

In der Druckindustrie einigt man sich Anfang Juli auf ein ähnliches Modell. Was der Leber-Kompromiß für die Wirtschaft bedeutet, ob dadurch neue Arbeitsplätze geschaffen werden – wie die Gewerkschaften hoffen – oder nur ein weiterer Rationalisierungsschub ausgelöst wird – wie Ökonomen prognostizieren –, bleibt abzuwarten.

98

Der seit Jahren währende Krieg zwischen Irak und Iran weitet sich aus. Im Mai greifen irakische Kampfflugzeuge und Marineeinheiten einen Konvoi von Schiffen im Norden des Persischen Golfs an. Sechs Tanker werden getroffen und zerstört (98). Daraufhin erklären die Japaner, keine Schiffe mehr in die Golfregion entsenden zu wollen; die Versicherungsraten werden drastisch erhöht. Auch in den folgenden Monaten kommt es zu irakischen Attacken auf Tanker.

Die amerikanische Weltraumbehörde NASA erhält Konkurrenz. Am 23. Mai startet die Europarakete Ariane zu ihrem ersten rein kommerziellen Flug (99). An der Spitze der dreistufigen Rakete befindet sich der 100 Millionen Dollar teure amerikanische Fernsehsatellit Spacer 1, der 15 Minuten nach dem Start seine Erdumlaufbahn erreicht. Der „Fahrpreis", den die US-Firma für den Transport ins All entrichten muß, beträgt mit 25 Millionen Dollar weniger, als in den USA für vergleichbare Starts bezahlt werden muß. Bis zu diesem Tag liegen der Arianespace, einer in Paris residierenden privatwirtschaftlichen Gesellschaft, der von der Europäischen Raumfahrt-Organisation (ESA) die Vermarktung der Rakete übertragen wurde, 28 Festbuchungen und 19 Optionen im Wert von 2,2 Milliarden Mark vor. Starts im südamerikanischen Raumfahrtzentrum Kourou werden künftig zur Routine, zum „Linienflug", wie dort stolz gesagt wird. Im August hebt eine verstärkte Version der Europarakete Ariane ab: Erstmals werden zwei Satelliten gleichzeitig ins All geschossen. Damit ist ein weiterer Schritt zur Kostensenkung getan. Der Wettbewerb um Aufträge zwischen der NASA und den Europäern ist voll entbrannt.

99

Am 8. Mai eröffnet Königin Elisabeth II. die größte bewegliche Flutsperre der Welt. Das imposante Bauwerk (100) an der Mündung der Themse soll künftig London vor schweren Sturmfluten schützen. Zehn stählerne Barrieren können innerhalb von 30 Minuten aus dem Themse-Grund bis zu einer Höhe von 16 Metern nach oben geschoben werden. Die Sperre wurde nötig, weil London schon mehrfach von Flutkatastrophen heimgesucht wurde.

100

101

Für seinen bislang besten Film, das in Amerika gedrehte Leinwand-Epos „Paris, Texas", wird der Regisseur Wim Wenders beim Festival von Cannes mit der „Goldenen Palme" ausgezeichnet (101). Presse und Publikum sind sich einig: Dies ist der bis dato gelungenste Streifen des eigenwilligen Regisseurs, der zuvor mit kunstvollen, aber nie spektakulären Werken wie „Die Angst des Torwarts vorm Elfmeter", „Falsche Bewegung" oder „Der amerikanische Freund" reüssiert hatte.

In „Paris, Texas" wird die Geschichte eines Mannes erzählt, der für vier Jahre als tot gilt und dann eines Tages wieder auftaucht. Er scheint sein Gedächtnis verloren zu haben, doch schon bald begibt er sich auf die Suche nach seiner Frau und seinem Kind.

JUNI

Herbert von Karajan (102), der „Große Diktator mit dem Taktstock" schmollt mit seinem „Hausorchester", den Berliner Philharmonikern. Aus dem Ärger über die vom 76jährigen Dirigenten geschätzte und vom Orchester abgelehnte Klarinettistin Sabine Meyer hat sich ein handfester Hauskrach entwickelt. Nun geht es um den umstrittenen Intendanten Peter Girth, auf dessen Seite der „Chefdirigent auf Lebenszeit" steht, dem aber die Philharmoniker nicht mehr das ungeteilte Vertrauen entgegenbringen.

Als Karajan ohne Begründung ein Salzburger Pfingstkonzert, das zusammen mit den Philharmonikern geplant war, absagt, ist der Musik-Skandal perfekt. Die Musiker werfen ihm ein Verhalten vor, das „mit den Pflichten eines künstlerischen Leiters nicht mehr zu vereinbaren" sei. Dies wird allgemein von der Öffentlichkeit als Aufforderung an den weltberühmten Dirigenten verstanden, die Konsequenzen zu ziehen.

102

Doch es kommt anders. Zu verwoben sind die künstlerischen und ökonomischen Interessen zwischen Dirigent und Orchester. Um allein 100 Schallplatten ging es in dem mit der Deutschen Grammophon Gesellschaft abgeschlossenen Vertrag von 1975, der allerdings Karajan erlaubt, seine Verpflichtungen binnen eines Monats zu lösen, wenn für ihn „die Arbeitsbedingungen" entfallen.

Als der Maestro schließlich damit droht, notfalls mit den Ensembles von Wien, Boston oder Chicago aufzutreten, vermittelt selbst der Regierende Bürgermeister von Berlin, Eberhard Diepgen.

Die Auseinandersetzungen ziehen sich bis in den September hin. Dann akzeptiert das Orchester den Vorschlag Karajans, im Rahmen der Berliner Festwochen wieder gemeinsam zu musizieren, was auch geschieht. Karajan hatte in einem Brief vom 21. August seine Bereitschaft zur Versöhnung erkennen lassen.

103

Die einen jubeln, die anderen sind bitter enttäuscht. Nur knapp scheitert die FDP bei der Europa-Wahl an der Fünf-Prozent-Hürde. Martin Bangemann, dem Spitzenkandidaten der Liberalen, steht die Niederlage am Abend des 17. Juni ins Gesicht geschrieben (103). Das Trostpflaster für ihn: Kurz danach wird er als Nachfolger von Graf Lambsdorff Wirtschaftsminister im Kabinett Kohl.

Ganz anders sieht es bei den Grünen aus. Sie erreichen mit 8,2 Prozent nicht nur ein hervorragendes Ergebnis – hier Friedrich-Wilhelm Graefe zu Baringdorf und Antje Vollmer bei der Bekanntgabe einer Hochrechnung (104) –, sondern bessern auch die Finanzen ihrer Parteikasse auf. Insgesamt 18,2 Millionen Mark erhalten die Grünen an Wahlkampfkostenerstattung.

Bestürzung herrscht nicht nur in Italien über den plötzlichen Tod Enrico Berlinguers. Am 11. Juni stirbt der Generalsekretär der größten kommunistischen Partei des Westens, wenige Tage nach einem Gehirnschlag. Er war es, der die Kommunistische Partei Italiens in die Unabhängigkeit gegenüber Moskau führte, als er den Einmarsch in die Tschechoslowakei 1968 und die Maßnahmen in Polen scharf kritisierte. Über eine Million Menschen nehmen an der Beerdigung des geachteten und beliebten Politikers teil (105).

104

105

106

Der 10. Weltwirtschaftsgipfel findet vom 7. bis 9. Juni in London statt. Zwar sind die Konjunkturaussichten besser als in den Jahren zuvor, die Probleme sind jedoch die alten: Hochzinspolitik der USA, Handelsbarrieren, Verschuldung der Dritten Welt, Unterbeschäftigung, Inflations- und andere Krisensymptome. Die Staats- und Regierungschefs der sieben wichtigsten westlichen Industrienationen (106) können sich nur auf eine unverbindliche Absichtserklärung einigen, in der vor allem der strikte konjunkturpolitische Stabilitätskurs der teilnehmenden Staaten bekräftigt wird.
Zum 40. Jahrestag der Landung der Alliierten in der Normandie – dem sogenannten D-Day – treffen sich die acht Staats- und Regierungschefs sowie Zehntausende von Kriegsveteranen im damaligen Brückenkopf Utah Beach. Auf unserem Foto: König Olav (Norwegen), König Baudouin (Belgien), Präsident François Mitterrand (Frankreich), Königin Elisabeth (Großbritannien), Großherzog Jean (Luxemburg) und Präsident Ronald Reagan (USA) (107).

107

108

Am 1. Juni trifft der amerikanische Außenminister George P. Shultz in Managua überraschend auf den Führer der sandinistischen Befreiungsbewegung Daniel Ortega (108). In Nicaragua unterstützen die USA die sogenannten „Contras", die gegen die linksgerichtete Junta operieren. Mit dem Treffen auf höchster Ebene will Washington die Spannungen in Mittelamerika abbauen und der Opposition den Weg bereiten, damit diese an den Präsidentschafts- und Abgeordnetenwahlen vom 4. November teilnehmen kann. Doch mit Beschluß vom 25. Juli zieht die bürgerliche Koalition – die „Coordinadora" – ihre Kandidatur zurück.

109

Zu einem sportlichen Fiasko wird für die Mannschaft der Bundesrepublik die Fußball-Europameisterschaft in Frankreich. Nach wenig überzeugenden Leistungen bedeutet die 0:1 Niederlage gegen Spanien das endgültige Aus für unser Team schon in der Vorrunde. Torwart Toni Schumacher greift verzweifelt in die Maschen seines Torgehäuses (109). Mit dieser blamablen Vorstellung wird die Krise des bundesdeutschen Profifußballs und der Nationalmannschaft einmal mehr unterstrichen. Bundestrainer Jupp Derwall muß bald danach „die Koffer packen" (111). Er quittiert den begehrten Job. Aus der Misere heraus soll nun der ehemalige Rekordnationalspieler Franz Beckenbauer die Mannschaft führen (112).
Zur überragenden Mannschaft des Turniers werden die Gastgeber. Das Endspiel gewinnen die Franzosen gegen die Spanier mit 2:0. Nach dem großen Sieg küßt Frankreichs Spielführer und Superstar Michel Platini den begehrten Pokal (110).
Eine vielbeachtete Außenseiterrolle kommt der dänischen Mannschaft zu, die erst vom Turniersieger Frankreich aus dem Rennen geworfen wird.

110

111

112

113

Einer der prominentesten Amerikaner wird am 9. Juni 50 Jahre alt. Gefeiert wird Donald Duck (113), der 1934 in einer kleinen Rolle in „The Wise Little Hen" sein Debüt quakte. Gemeinsam mit seinem ulkigen Freundeskreis – Goofy, Pluto, Mikkey, Minnie Mouse und Cinderella – wird er den Sommer über im Festwagen durch Kaliforniens Disneyland und Floridas Disney World fahren.

Onkel Donald hat eine bewegte zeichnerische Vergangenheit hinter sich. Im Zweiten Weltkrieg wurde er sogar zur Armee eingezogen. Mit dem ebenfalls im Krieg gedrehten Kurzfilm über Adolf Hitler (The Führer's Face) gewann Donald 1943 sogar einen Oscar. Noch heute macht die populäre Ente in über 100 Zeitungen „Karriere". Seine Abenteuer und die seines reichen Onkels Dagobert werden in 47 Ländern veröffentlicht. Und in 27 Staaten können Jung und Alt die lustige Entenschar auf dem Bildschirm erleben.

JULI

114

André Hellers Himmelszauber: Vor dem Berliner Reichstagsgebäude zelebriert der Wiener Künstler am 7. Juli ein Super-Feuerwerk, bei dem rund 15 Tonnen Sprengstoff und mehr als 40 000 Leuchtraketen gezündet werden. Rund eine halbe Million Zuschauer bewundern das 45 Minuten währende Spektakel, dem André Heller den Titel „Welt und Gegenwart oder Sturz durch Träume" gab.
Bei Einbruch der Dunkelheit verlöschen die großen Scheinwerfer, die bislang den Platz der Republik ausgeleuchtet haben. Am Horizont ist noch ein schwaches Abendrot zu sehen. Es wird still. Aus gewaltigen Lautsprechertürmen ertönt plötzlich die Stimme André Hellers, der die Menschenmassen begrüßt und meint: „Wenn wir es ganz stark wollen, wird es ein großer Erfolg." Es folgt eine dramatische Eröffnungsmusik, mit der die Spannung noch gesteigert wird. Dann brennen auf einem Stahlgerüst bis zu 80 mal 200 Meter große Bilder ab (114), die von prächtigen Höhenfeuerwerken begleitet werden. Den Abschluß bildet ein über die Lautsprecher vorgetragenes Antikriegsgedicht von Bertolt Brecht, das hier, unweit der Mauer, besonders eindrucksvoll wirkt.
Heller bescheinigt seinen 25 professionellen Feuerwerkern und 50 Helfern: „Es war nicht ein Tausendstel anders, als ich es mir im Kopf vorgestellt habe."

Sommertheater in Bonn: Ende Juni entscheidet der Bundestag mit überwältigender Mehrheit, daß das Braunkohlekraftwerk Buschhaus (115) nicht ohne Entschwefelungsanlage in Betrieb genommen werden soll. Massive Proteste der niedersächsischen Landesregierung und ihres Ministerpräsidenten Ernst Albrecht führen schließlich dazu, daß das Hohe Haus seine Meinung ändert und mit den Stimmen der Regierungskoalition beschließt, die „Altanlage" nun doch ans Netz gehen zu lassen. Der Kompromiß: Das zwischen Helmstedt und Schöningen gelegene Werk darf keine Salzkohle, die besonders schwefelhaltig ist, verfeuern, und die Entschwefelungsanlage soll vor der gesetzlichen Frist eingebaut werden.
Das schwerste Unwetter des Jahres wird in der Region München registriert. Heftige Gewitter, sintflutartige Regengüsse und Hagelschlag richten einen Sachschaden von über 100 Millionen Mark an (117). Mehr als 300 Menschen werden bei der Katastrophe vom 12. Juli verletzt. Nach dem Unwetter beginnt das große Aufräumen (116).

117

118

119

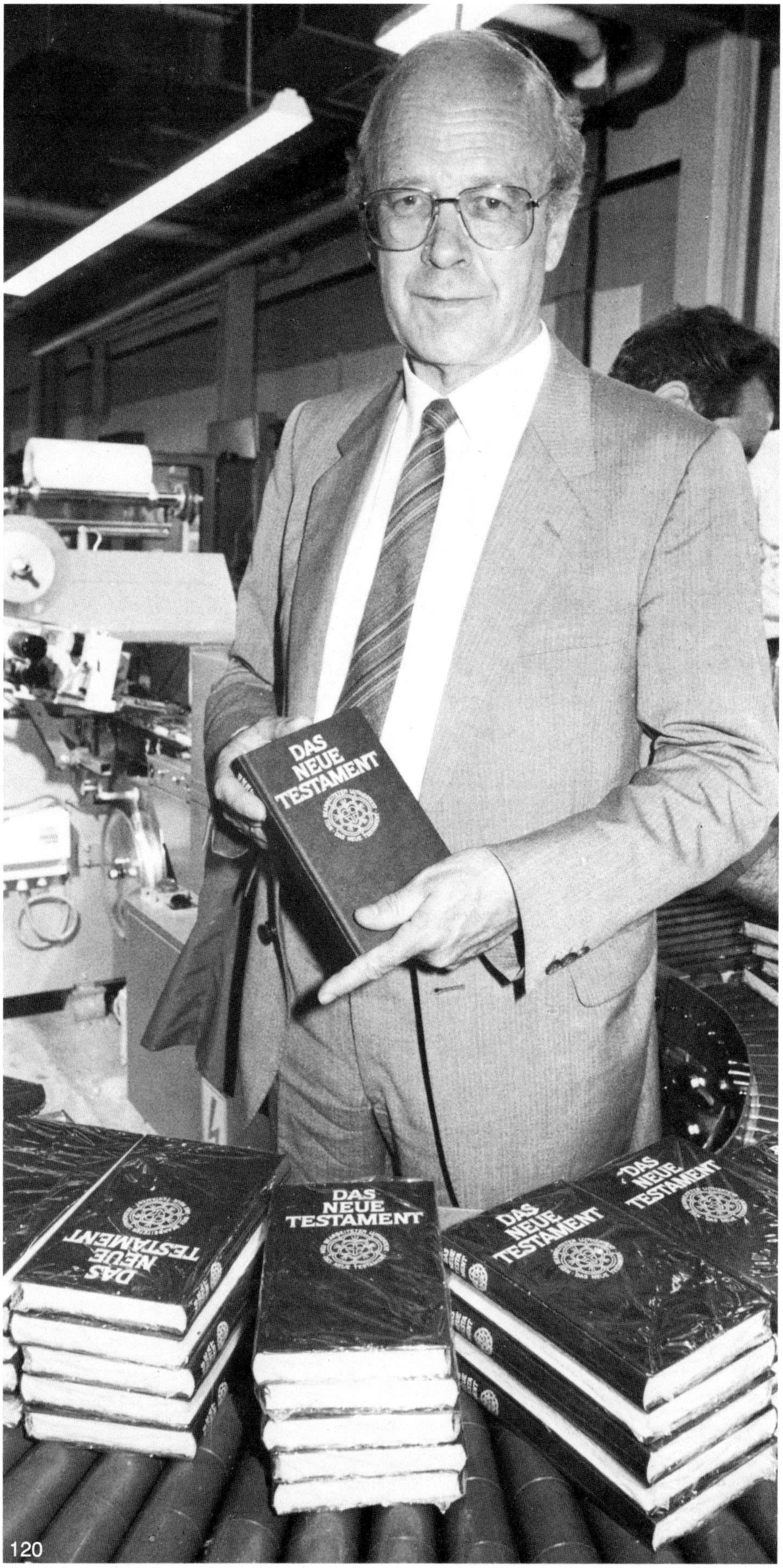

120

Boxidol „Bubi" Scholz – hier mit seiner Frau in der Bar seines Berliner Hauses (118) – steht unter dem dringenden Verdacht, seine Ehefrau Helga erschossen zu haben. Nachdem Helga Scholz am Montag, dem 23. Juli, im Badezimmer tot aufgefunden worden war, wird der 54jährige gelernte Werbekaufmann und Box-Europameister am selben Tag festgenommen. Ihm wird vorgeworfen, in der vorangegangenen Nacht seine Frau mit einer Kugel aus seinem Kleinkalibergewehr getötet zu haben. Scholz, der sich zu den Anschuldigungen zunächst in Schweigen hüllt, verübt wenige Tage danach in der Zelle einen Selbstmordversuch, der jedoch scheitert. Obwohl Scholz später immer wieder den Tod seiner Frau als Unfall bezeichnet, bleibt die Staatsanwaltschaft bei ihrem Verdacht auf Totschlag. Am 14. September erhebt sie beim Berliner Landgericht offiziell Anklage gegen den Box-Champion.

Freie Fahrt an der deutsch-französischen Grenze: Seit Montag, dem 16. Juli, haben Autofahrer an den Grenzen zu Frankreich und Belgien „freie Fahrt", wenn sie das Europazeichen mit dem großen „E" den Beamten zeigen (119). In Zukunft sollen Autofahrer nur noch bei begründetem Verdacht angehalten und kontrolliert werden. Nicht überall stößt diese Maßnahme auf ungeteilte Zustimmung. Unionspolitiker warnen vor dem „Sicherheitsdefizit", und Sozialdemokraten sprechen von einem „großen Bluff": In Wahrheit ändere sich kaum etwas. Am 15. August tritt eine vergleichbare Regelung auch mit Österreich in Kraft.

Am 2. Juli wird in Stuttgart eine Überarbeitung der Lutherbibel vorgestellt. Mehrere Jahre hat es gedauert, den alten Text in zeitgemäßes Deutsch zu übertragen. Die Neuherausgabe des von allen Landeskirchen anerkannten Bibeltextes präsentiert Landesbischof Dr. Eduard Lohse in der Druckerei des Bibelhauses (120).

Amerika steht Kopf. Anfang Juli geht der neue Superstar Michael Jackson auf eine Tournee, die in Kansas City beginnt und durch ein gutes Dutzend US-Städte führen wird. Keine Tageszeitung, kein Magazin erscheint in diesen Tagen ohne Foto oder Story über den „keuschen, artigen und poppigen Schwarzen mit der Fistelstimme" (121). Der erst 25jährige Sänger scheint zum erfolgreichsten Solisten der Popgeschichte aufzusteigen.

121

AUGUST

122

Am Samstag, dem 28. Juli, um 16.30 Uhr Ortszeit, eröffnet der Präsident der Vereinigten Staaten von Amerika, Ronald Reagan, im Coliseum-Stadion von Los Angeles die XXIII. Olympischen Sommerspiele der Neuzeit. Bis zum 12. August dauern die Wettbewerbe, an denen 6708 Sportler aus 142 Ländern teilnehmen. Trotz des Boykotts der Ostblockstaaten, von denen nur Rumänien und Jugoslawien an ihrer Zusage festhalten, bedeutet dies einen neuen Teilnehmerrekord. Die Eröffnungsfeier wird zu einem typisch amerikanischen Spektakel aus Show und PR in eigener Sache. 93 000 begeisterte Zuschauer und über zweieinhalb Milliarden Menschen an den Fernsehgeräten wohnen dem Zeremoniell live bei.

Gut zwei Wochen präsentiert eine große Nation ihr Selbstwertgefühl ungehemmt. Was man so alles aus den „Stars and Stripes" machen kann, zeigen amerikanische Patrioten im Prado-Park von Los Angeles (122). Die Siege – und nur die – der eigenen Athleten werden frenetisch gefeiert. Das Fernsehen ist daran nicht ganz schuldlos. Es liefert eine perfekte Kommerz-Show, in der die Medaillenflut der amerikanischen Sportler wie eine „nationale Wiedergeburt" gefeiert wird.

123

124

Nach seinem souveränen Sieg über 100 Meter in 9,99 Sekunden jubelt Carl Lewis (123). Zweifellos ist der Amerikaner einer der überragenden Athleten dieser Spiele. Er holt insgesamt vier Goldmedaillen.

Ecaterina Szabo, eine der rumänischen Turnerinnen, stellt ihre exzellente Form unter Beweis. Für ihre Übung am Schwebebalken erhält sie die Traumnote „Zehn" (124). Sie gewinnt mit ihrer Mannschaft die Goldmedaille. In den Einzelwettbewerben siegt sie weitere drei Mal.

Eine Sensation gelingt der deutschen Hochspringerin Ulrike Meyfarth. Nachdem sie bereits während der Olympischen Spiele von München 1972 eine Goldmedaille im Hochsprung der Frauen gewonnen hatte, dominiert sie mit 2,02 Meter auch den Wettbewerb in Los Angeles (125).

Der Offenbacher Michael Groß ist der erfolgreichste Schwimmer dieser Spiele. Über 200 Meter Freistil und 100 Meter Delphin erkämpft er die Goldmedaille in jeweils neuer Weltrekordzeit gegen die starken Amerikaner (126).

125

126

127

128

129

130

Für eine faustdicke Überraschung sorgt die deutsche Handball-Nationalmannschaft. Erst im Endspiel werden die Mannen um Erhard Wunderlich knapp von den Jugoslawen bezwungen. Hier eine Szene aus dem Spiel gegen Dänemark, das die Deutschen mit 20:18 für sich entscheiden (127).

Zu einem Höhepunkt der Olympischen Spiele wird der Zehnkampf der Männer. Bis zum achten Wettbewerb, dem Stabhochsprung, kann die deutsche Hoffnung Jürgen Hingsen dem Engländer Daley Thompson auf den Fersen bleiben (128). Dann versagt Hingsen, der später meint: „Ich wußte überhaupt nicht mehr, wie Stabhochsprung ging." Der nervenstarke Thompson, Sohn einer Schottin und eines Nigerianers, ist – wie so oft – im entscheidenden Augenblick dynamischer und nervenstärker als seine Konkurrenten.

Mit einem Debakel für die Weltmeisterin Mary Decker (129) und die Deutsche Brigitte Kraus endet der 3000 Meter-Lauf der Frauen. Als die Amerikanerin nach rund 1700 Metern versucht, die vor ihr laufende Mitfavoritin und kurz zuvor von Südafrika nach Großbritannien eingebürgerte Zola Budd zu überholen, kommt es zum Sturz von Mary Decker, die aufgeben muß. Auch die Deutsche erreicht das Ziel nicht.

Marathon der Frauen: Erstmals wird dieser Wettbewerb ausgetragen. Als die Siegerin Joan Benoit (USA) unter dem Jubel von 90 000 begeisterten Zuschauern eine Ehrenrunde nach der anderen dreht, wankt eine Frau in Rot ins Coliseum, den Körper nach links abgeknickt. Die 39jährige Schweizer Läuferin Gaby Andersen-Schiess torkelt dem Ziel entgegen (130). Das amerikanische Fernsehen macht daraus – durch fortwährende Wiederholungen – ein Sportspektakel.

131

132

133

Mehr als ein Jahr nach der Veröffentlichung der gefälschten Hitlertagebücher im „stern" bewegt das Thema noch immer die Gemüter und nun auch die Justiz. In Hamburg beginnt am 21. August der Prozeß gegen den ehemaligen „stern"-Reporter Gerd Heidemann (132) und den Fälscher Konrad Kujau (131). Vor allem geht es darum zu klären, wo die insgesamt neun Millionen Mark geblieben sind, die der „stern" für die gefälschten Tagebücher gezahlt hatte.

Seit dem 1. August müssen sich die deutschen Autofahrer anschnallen (133). Was zuvor nur eine Empfehlung war, ist nun Pflicht. Wer dagegen verstößt, muß mit einem Bußgeld von 40 Mark rechnen. Während einige Bundesländer sehr rigide vorgehen, belassen es andere bei sanften Ermahnungen. Doch die Schonfrist ist am 1. September abgelaufen: Dann sollen Gurtmuffel überall zur Kasse gebeten werden. Untersuchungen bestätigen, daß die Anschnallpflicht von über 90 Prozent aller Autofahrer befolgt wird.

134

Am 26. Juli 1956, gegen 23.10 Uhr, kollidierte der italienische Luxus-Liner „Andrea Doria" in dichtem Nebel mit dem schwedischen Passagierschiff „Stockholm". Elf Stunden danach sank das schöne Schiff westlich Nantucket-Feuerschiff vor der Ostküste der USA. Knapp 28 Jahre nach dem Untergang wird der geheimnisumwobene Tresor des Schiffes vor den Augen der Fernsehwelt geöffnet. Mit 28 Helfern hatte der Taucher Peter Gimbel eine Expedition zu der in 70 Meter Tiefe liegenden „Andrea Doria" unternommen. Dabei fanden sie einen Tresor, von dem Gerüchte wissen wollten, er enthalte ein Vermögen an Bargeld und Juwelen. Drei Jahre dauerte es, bis das Geheimnis des gutbewacht in einem Haifisch-Becken des New Yorker Aquariums deponierten Safes gelüftet werden konnte. Dann hatte der geschäftstüchtige Gimbel genügend Fernsehanstalten für sein Live-Spektakel gewonnen. Doch die Fernsehzuschauer – in der Bundesrepublik überträgt das ZDF – sind bitter enttäuscht: Nur einige verrottete Banknoten gibt der verrostete Stahlschrank preis (134).

SEPTEMBER

135

Nach einem Zusammenstoß mit der deutschen Fähre „Olau Britannia" sinkt der französische Frachter „Mont Louis" auf dem Weg nach Riga am Samstagabend, dem 25. August, zwölf Seemeilen vor Ostende im Ärmelkanal. Die Besatzung des 4200 Bruttoregistertonnen (BRT) großen Schiffes kann gerettet werden. Erst 24 Stunden nach der Kollision wird bekannt, daß die „Mont Louis" gefährliche Ladung an Bord hat. Im Laderaum des Frachters liegen 30 Spezialbehälter mit je 15 Tonnen des radioaktiven Uranhexafluorid. Für die Öffentlichkeit stellt sich auch die Frage, warum dieses brisante Gut ausgerechnet aus der französischen Umwandlungsanlage Pierrelatte in ein sowjetisches Werk bei Riga verschifft werden sollte. Den gesamten September dauert die Bergung der Uran-Behälter. Immer wieder müssen die Taucher und Spezialisten auf besseres Wetter oder auf Ebbe warten, um an der „Mont Louis" arbeiten zu können. Eine Schwimmplattform mit zwei leistungsstarken Kränen wird neben dem Wrack verankert (135). Vom Bergungsponton aus wird ein Uran-Container nach dem anderen geborgen. Erschwert wird das Unternehmen zusätzlich, weil der Rumpf der „Mont Louis", der auf einer Sandbank liegt, in zwei Teile auseinanderbricht. Erst am 4. Oktober kann der letzte Container an Land gebracht werden. Bange Fragen bleiben: Warum werden radioaktive Schiffsladungen nicht gemeldet? Wie sicher sind die Behälter, in denen die „heiße Fracht" befördert wird? Weshalb werden so gefährliche Seetransporte nicht von einer speziell dafür ausgebildeten Besatzung und extra dafür gebauten Schiffen ausgeführt?

136

137

138

Einen sensationellen Vertragsabschluß mit der Fluggesellschaft Pan American World Airways (Pan Am) meldet am 13. September das europäische Airbuskonsortium, an dem bundesdeutsche Firmen mit immerhin 38 Prozent beteiligt sind. Die Fluggesellschaft will insgesamt 28 Airbusse kaufen und Leasing-Verträge sowie Optionen für weitere 63 Jets abschließen. Der Wert des Auftrags wird auf rund drei Milliarden Mark beziffert. Dieses Geschäft läßt die Verantwortlichen von Airbus-Industries hoffen, sich gegen den großen Konkurrenten Boeing mittelfristig auch auf dem interessanten amerikanischen Markt behaupten zu können. Franz Josef Strauß – Aufsichtsratsvorsitzender der Deutschen Airbus GmbH – läßt es sich nicht nehmen, bei der ersten geleasten A 310 auf dem Münchner Flughafen Riem dafür zu plädieren, die „europäische Flagge weiter am Himmel zu zeigen" (136).

Kommt er oder kommt er nicht?

Nach wochenlangen Spekulationen wird am 4. September die Bundesregierung davon unterrichtet, daß der DDR-Staats- und Parteichef Erich Honecker die Bundesrepublik im September nicht besuchen wird. Begründet wird diese Entscheidung mit der „unwürdigen" Diskussion im Vorfeld der Reise. Der CDU/CSU-Fraktionsvorsitzende Alfred Dregger hatte am 22. August in einem Interview erklärt, die Zukunft der Bundesrepublik hänge nicht davon ab, „daß Herr Honecker uns die Ehre seines Besuches erweist". Auf unserem Foto besucht der erste Mann der DDR zu Beginn der Leipziger Messe am 2. September den Stand des bundesdeutschen Chemiekonzerns BASF (137).

Für viel Zündstoff sorgt der italienische Außenminister Giulio Andreotti (138). Am Abend des 13. September warnt er bei einer Diskussion, die von der kommunistischen Zeitung „L'Unita" veranstaltet wird, vor einer Wiedervereinigung Deutschlands mit den Worten: „Wir sind uns alle einig darüber, daß es gute Beziehungen geben sollte zwischen den beiden Deutschlands, doch darf man hier nicht übertreiben." Der „Pan-Germanismus", so Andreotti, sollte überwunden werden. Es existierten zwei deutsche Staaten „und zwei sollten es bleiben". Diese Äußerungen lösen großen Wirbel aus. Bonn spricht von einer schweren Kränkung der Bundesrepublik. Der italienische Ministerpräsident Bettino Craxi distanziert sich öffentlich von seinem Außenminister. Andreotti bedauert schließlich seine Worte und entschuldigt sich.

Seit sieben Jahren wird Israel von einer konservativ-liberalen Koalition regiert. Bei den Parlamentswahlen Ende Juli erreicht keine der beiden großen Parteien die zur Regierungsbildung erforderliche absolute Mehrheit. Gleichwohl reklamieren sowohl der Führer der oppositionellen Arbeiterpartei Schimon Peres als auch Yitzhak Schamir, dem Likud-Block verpflichteter noch amtierender Ministerpräsident, den Sieg für sich und melden ihren Anspruch auf die Bildung einer großen Koalition an. Einziger Sieger der Wahlen sind die Splitterparteien. Staatspräsident Chaim Herzog beauftragt Schimon Peres mit der Bildung einer „Regierung der nationalen Einheit". Nach schwierigen, mehrere Wochen währenden Gesprächen rückt die große Koalition in Israel näher. Es ist nicht nur ein Tauziehen zwischen Peres und Schamir, sondern auch zwischen den hinter ihnen stehenden Blöcken und deren politisch stark differierenden Flügeln. Ende August verständigen sich schließlich die beiden Kontrahenten (139), die zum gemeinsamen Regieren „verdammt" sind, um endlich die dringenden wirtschaftlichen Probleme und die nach wie vor schwelende Libanon-Krise in Angriff zu nehmen. Siebeneinhalb Wochen nach den Wahlen, am 14. September, bekommt Israel wieder eine voll funktionsfähige Regierung. Wichtigster Kompromiß der großen Koalition: Strikte Parität der beiden Blöcke in allen Ämtern und Rotation der Ministerpräsidenten in der Mitte der Legislaturperiode.

139

140

141

Am 7. September kommt es zu einer historischen Begegnung zwischen dem südkoreanischen Präsidenten Chun Doo Hwan und dem japanischen Ministerpräsidenten Nakasone in Tokio (140). Japan hatte von 1910 bis 1945 das Nachbarland als Kolonie beherrscht, die dortige 500 Jahre alte Monarchie abgeschafft, den Gebrauch der koreanischen Sprache verboten und Aufstände brutal niedergeschlagen.

Nach zweijährigen Verhandlungen einigen sich die Volksrepublik China und Großbritannien über die Zukunft der britischen Kronkolonie Hongkong (141). Das Abkommen vom 26. September sieht die Übergabe Hongkongs unter chinesische Oberhoheit vor, wenn der britische Pachtvertrag 1997 ausläuft. Festgeschrieben wird zudem, daß der Status quo von Hongkong für weitere 50 Jahre erhalten bleibt. Bis 2047 können die momentan fünf Millionen Bürger über ihre Wirtschafts- und Handelspolitik entscheiden, ihr Rechtssystem beibehalten und frei reisen. China bekennt sich in dieser Vereinbarung ausdrücklich dazu, das kapitalistische Wirtschaftssystem und die liberale Gesellschaftsordnung dieses merkwürdigen Gebildes am Rande seines Riesenreiches beizubehalten.

Anlaß zur Hoffnung? Am 28. September besucht der sowjetische Außenminister Andrej Gromyko US-Präsident Ronald Reagan im Weißen Haus (142). Beide bekräftigen ihren Willen, die Beziehungen der beiden Supermächte zueinander zu verbessern. Es ist das erste Mal in seiner seit 1981 währenden Amtszeit, daß Reagan einen sowjetischen Spitzenpolitiker offiziell trifft. Das Gespräch dauert über vier Stunden.

Was man auch immer in diese Begegnung hineininterpretiert: Sei es nun das Interesse Reagans, kurz vor den amerikanischen Präsidentschaftswahlen seine Entspannungsbereitschaft zu bekunden, oder die Taktik Moskaus, die Schwäche der eigenen Führung zu überspielen. Wichtig ist: Der Anfang für einen Dialog ist gemacht. Und nur wenn miteinander geredet wird, können Ressentiments abgebaut und Wege zur Abrüstung und Entspannung gefunden werden. An Themen mangelt es nicht: Von ersten Sondierungen über umfangreiche Getreideexporte der Amerikaner an die Sowjets bis zu so makabren Dingen wie den „Krieg im Weltraum" reicht die Palette der dringendsten Probleme, die nicht nur die beiden Supermächte, sondern alle Menschen auf dieser Erde bewegen.

Während in der Politik deutschlandpolitische Themen und die sowjetisch-amerikanischen Ansätze zum Dialog die September-Szene bestimmen, heißt das Zauberwort in den Börsensälen und auf den Devisenmärkten „Dollar". Erstmals seit dem 14. Februar 1973 liegt der amtliche Mittelkurs der amerikanischen Währung am Dienstag, dem 11. September, über drei Mark (143). Das hat weitreichende Folgen auch für die deutsche Wirtschaft. Entgegen den eher pessimistischen Prognosen einiger Institute entwickelt sich der deutsche Export boomartig. Vor allem in der USA ist Ware „Made in Germany" gefragt. Umgekehrt verteuern sich Einfuhren, die auf Dollarbasis abgeschlossen worden sind.

142

DEVISEN-KURSE VOM 11.9.84
MITTELKURS
GELDKURS
BRIEFKURS
USA
3.0048
3.0008
3.0088
ENGLAND
IRLAND
KANADA
NIEDERLANDE
SCHWEIZ
DÄNEMARK

143

OKTOBER

144

Zum ersten Mal in der 174jährigen Geschichte des Münchner Oktoberfestes wird einem Wirt die Konzession entzogen. Nach einer Entscheidung des zuständigen Kreisverwaltungsreferates ist ausgerechnet für den Sprecher der Wies'n-Wirte, Richard Süßmeier, ab Dienstag, dem 2. Oktober, das Fest zu Ende. In der Küche seines Bierzeltes, so der Vorwurf, seien „massenhaft illegale Beschäftigung von Arbeitnehmern" nachgewiesen und „gravierende Verstöße gegen gesundheitsrechtliche Vorschriften des Bundesseuchengesetzes" festgestellt worden. Neuer Pächter des Armbrustschützenzelts und Nachfolger des „Wies'n-Napoleon" genannten Wirtes Süßmeier wird Helmut Huber. Auf unserem Bild (144) verabschiedet sich Süßmeier feuchtfröhlich vom Prominentenstammtisch, zweiter von rechts der ehemalige Münchner Oberbürgermeister Erich Kiesl. Aber die Gaudi geht weiter: Wie immer lassen sich die Münchner und die vielen Gäste aus aller Welt im 6000 Menschen fassenden Zelt und auf der Wies'n ihre Maß schmekken.

145

Bei dem schwersten Schiffsunglück, das sich seit dem Kriegsende in deutschen Gewässern ereignete, kommen im Hamburger Hafen 19 Menschen ums Leben. Nach der Kollision mit einem Schleppzug sinkt die mit 43 Personen besetzte Barkasse „Martina", die für eine Geburtstagsfeier gechartert worden war. Die Katastrophe ereignet sich am Dienstagabend, dem 2. Oktober, gegen 19 Uhr, als die Barkasse aus einem Nebenarm der Elbe in das Hauptfahrwasser einbiegen will. Dabei prallt die „Martina" gegen die stählerne Trosse, mit der ein Schlepper eine Schute zieht. Am nächsten Morgen wird das Wrack der gesunkenen Barkasse mit Hilfe von zwei Bergungsschiffen gehoben (145). Noch Tage danach wird nach den Vermißten gesucht.

In der Nacht zum 12. Oktober reißt eine Detonation ein gewaltiges Loch in die Fassade des Grand Hotels von Brighton (146). Nur knapp entgeht dabei die britische Premierministerin Margaret Thatcher, deren Hotelsuite stark beschädigt wird, dem Tode. Die Verantwortung für den Bombenanschlag, der vier Todesopfer und 32 Schwerverletzte fordert, übernimmt die IRA mit der Begründung, das Attentat habe dem Kabinett der „britischen Kriegshetzer" gegolten. Wenige Stunden später hält die Premierministerin ihre Rede vor den Delegierten der konservativen Partei. „Alle Versuche, Demokratie durch Terrorismus zu zerstören", so ihr Resümee, müßten fehlschlagen. Eine Konsequenz wird die Bombe von Brighton allerdings haben: Nie wieder werden praktisch das gesamte britische Kabinett in ein und demselben Hotel wohnen und die Sicherheitsvorkehrungen so locker gehandhabt werden.

146

147

148

149

Begleitet von führenden Vertretern der deutschen Wirtschaft stattet Bundeskanzler Helmut Kohl vom 7. bis 13. Oktober der Volksrepublik China einen Besuch ab. Neben der Vertiefung der politischen Beziehungen und kulturellen Zusammenarbeit gilt als vorrangiges Ziel dieser Reise die guten Wirtschaftsbeziehungen weiter auszubauen. Die Bundesrepublik ist der viertgrößte Handelspartner des fernöstlichen Riesenreiches. Der Kanzler und seine Frau lassen sich in Schanghai die Vorführung einer chinesischen Tanzgruppe nicht entgehen (147).
Die Parteispendenaffäre zieht weite Kreise. Ins Kreuzfeuer der Kritik gerät Anfang Oktober auch Bundestagspräsident Rainer Barzel (148). Er soll ebenfalls vom Flick-Konzern Geld erhalten haben. Sicher scheint, daß Barzel von 1973 bis 1980 über eineinhalb Millionen Mark von einer Frankfurter Kanzlei überwiesen wurden, wobei das Konto der Rechtsanwälte womöglich nur als Durchgangsstation für das Flick-Geld fungierte. Obwohl Barzel angibt, die Zuwendungen ordnungsgemäß versteuert zu haben, drängt sich die Frage auf, wie frei jemand in seinen politischen Entscheidungen war und ist, der von bestimmter Seite so gewaltige Summen als „Zubrot" erhalten hat? Am Donnerstag, dem 25. Oktober, zieht Rainer Barzel die Konsequenzen: Er tritt zurück.
In den frühen Morgenstunden des 31. Oktober wird die indische Ministerpräsidentin Indira Gandhi (149) von mindestens acht Kugeln in Brust, Magen und Hüfte getroffen, die drei ihrer Leibwächter auf sie abgeben. Obwohl die Tochter Nehrus sofort in ein Krankenhaus gebracht wird und mehrere Bluttransfusionen erhält, stirbt sie bald nach dem Anschlag. Von den drei Attentätern, die alle der Religionsgemeinschaft der Sikhs angehören, werden zwei sofort getötet, ein dritter festgenommen. Die Ermordung der 66jährigen Indira Gandhi ist der Höhepunkt blutiger Unruhen, die in den letzten Monaten das Land erschütterten. Die Sikhs streben mit militanten Aktionen die Autonomie des nordindischen Bundesstaates Pandschab an, in dem ihre Bevölkerungsgruppe rund die Hälfte der Einwohner stellt. Der Tod Indira Gandhis, die als eine der wenigen Frauen ein so hohes Amt bekleidete, stößt diese weltpolitisch unsichere Region in quälende Ungewißheit.

150

Ohne die Veröffentlichung eines gemeinsamen Kommuniqués geht am 17. Oktober der dreitägige Besuch des rumänischen Staats- und Parteichefs Nicolae Ceauşescu in Bonn zu Ende – hier mit Bundespräsident Richard von Weizsäkker (150). Regierungssprecher Boenisch erklärt später, die Weigerung des Gastes, auf die deutsche Minderheit in Rumänien einzugehen, hätte eine deutsch-rumänische Erklärung verhindert. Politische Bedeutung erfährt die Visite vor allem deshalb, weil sie trotz der Absagen des Staatsratsvorsitzenden der DDR, Erich Honecker, und des Staatschefs Bulgariens, Schiwkoff, stattfindet.

Den diesjährigen Friedensnobelpreis erhält Bischof Desmond Tutu für seinen Kampf gegen das südafrikanische Apartheid-Regime (151). Als Begründung gibt das Verleihungs-Komitee an, man wolle die Aufmerksamkeit der Weltöffentlichkeit auf den „gewaltlosen Befreiungskampf" richten, dem Tutu sich verschrieben habe. Ziel des südafrikanischen Würdenträgers sei es, daß Schwarze und Weiße gemeinsame Sache machten, „um ihr Land von Konflikt und Krise zu befreien".

151

CHRONIK: DAS JAHR AUF EINEN BLICK

NOVEMBER

2. Mit Zweidrittelmehrheit billigt Südafrikas weiße Wählerschaft eine Verfassungsreform, die den Asiaten und Mischlingen im Lande eine begrenzte politische Mitsprache einräumt; die schwarze Bevölkerungsmajorität bleibt davon weiter ausgeschlossen. – Wegen krimineller Machenschaften (Zuhälterei, Erpressung, illegaler Waffenhandel) verbietet das Bundesinnenministerium den offiziell als „Motor-Club" eingetragenen Hamburger Rocker-Verein „Hell's Angels" (153).

153

4. Bei einem Sprengstoffanschlag auf das israelische Hauptquartier in der südlibanesischen Stadt Tyrus kommen 28 Israelis und 32 Araber ums Leben.
5. Die hessische SPD spricht sich auf ihrem Landesparteitag in Baunatal für Verhandlungen über eine Zusammenarbeit mit den Grünen aus.
6. Aus der ersten Parlamentswahl in der Türkei seit dem Militärputsch von 1980 geht die konservative Vaterlandspartei als absoluter Sieger hervor. Ihr Vorsitzender Turgut Özal wird am 7.12. neuer türkischer Ministerpräsident.
7. CSU-Generalsekretär Otto Wiesheu, der Ende Oktober unter Alkoholeinfluß einen tödlichen Verkehrsunfall verursachte, läßt sich von seinen Aufgaben vorläufig entbinden. – Algeriens Präsident Schadli trifft zu einer dreitägigen Visite in Frankreich ein. Er ist der erste algerische Staatschef, der seit der Unabhängigkeit seines Landes vor 21 Jahren die einstige Kolonialmacht besucht.
9. Zwei Wochen nach der US-Invasion auf der Karibikinsel Grenada bildet Generalgouverneur Sir Paul Scoon dort eine Übergangsregierung, die bis zur Ausschreibung von Wahlen amtieren soll. – Hollands Brauereikönig Alfred Heineken wird zusammen mit seinem Fahrer von Kidnappern entführt. Nach Zahlung von rund 30 Millionen Mark Lösegeld findet die Polizei beide Geiseln am 30.11. unversehrt in einem Amsterdamer Lagerschuppen; die Täter werden gefaßt.
10. Im Bonner Parlament verabschieden die Koalitionsparteien ein Gesetz, das arbeitslos gewordenen Ausländern befristete finanzielle Anreize bietet, wenn sie in ihre Heimat zurückkehren.
14. Als erste Gemeinde der Bundesrepublik führt Buxtehude, vor den Toren Hamburgs, in seiner Innenstadt versuchsweise Tempo 30 ein (154).

154

15. Rauf Denktaş, Anführer der türkischen Volksgruppe auf Zypern, proklamiert den Norden der seit 1974 geteilten Insel zur „Türkischen Republik Nordzypern". Der einseitige Akt stößt weltweit auf entschiedene Ablehnung.
22. Begleitet von zahlreichen Protestaktionen und Demonstrationen sanktioniert der Bundestag nach erregter Debatte mit 286 gegen 225 Stimmen der Opposition die Stationierung neuer US-Mittelstreckenwaffen in der Bundesrepublik. Die SPD hatte bereits drei Tage zuvor auf ihrem Parteitag in Köln fast geschlossen gegen die Nachrüstung votiert.
23. Weil ihm die Nebenwirkungen zu riskant erscheinen, verbietet das Bundesgesundheitsamt 43 Schmerzmittel, die neben dem Aspirin-Wirkstoff Acetylsalicylsäure noch bestimmte andere Substanzen enthalten. – Angesichts der unmittelbar bevorstehenden Aufstellung von Pershing 2 und Cruise Missiles in Westeuropa bricht Moskau die Genfer Raketenverhandlungen mit den USA ab. – Nach 150tägigem Aufenthalt an Bord der Raumstation „Saljut 7", der sie westlichen Meldungen zufolge zeitweise in Lebensgefahr brachte, kehren die beiden Sowjet-Kosmonauten Wladimir Ljachow und Alexander Alexandrow wohlbehalten zur Erde zurück.
26. Beim bisher größten Raubzug in der britischen Kriminalgeschichte erbeuten bewaffnete Gangster in London Goldbarren, Platin und Diamanten im Wert von umgerechnet über 100 Millionen Mark.
27. Unter dem Namen „Die Republikaner" gründen die Bonner Abgeordneten Franz Handlos und Ekkehard Voigt, die aus Protest gegen Strauß aus der CSU austraten, in München eine eigene Partei.
29. Vor der Bundespressekonferenz gibt die Bonner Staatsanwaltschaft das Resultat ihrer zweijährigen Ermittlungen in der Flick-Parteispendenaffäre bekannt (155): Bundeswirtschaftsminister Graf Lambsdorff, sein Vorgänger Friderichs, der ehemalige NRW-Minister Riemer sowie die früheren Flick-Manager von Brauchitsch und Nemitz werden wegen Bestechung bzw. Bestechlichkeit angeklagt. Am 2. Dezember hebt der Bundestag die Immunität Lambsdorffs auf.

155

DEZEMBER

1. Gegen die Stimmen der Grünen bürdet der Bundestag dem Staat eine teure Parteienfinanzierung auf: Die Wahlkampfkostenerstattung wird erhöht, Spenden werden, wie bei gemeinnützigen Vereinen, steuerlich großzügig abzugsfähig.
5. Knapp vier Monate nach Aufhebung des Kriegsrechts ermächtigt in Polen das Parlament den Staatsrat, im Falle einer inneren Bedrohung notfalls landesweit den Ausnahmezustand zu verhängen.
6. Ohne jedes Ergebnis und erstmals auch ohne ein Kommunique endet in Athen die EG-Gipfelkonferenz über eine Reform der gemeinsamen Finanz- und Agrarpolitik. – Das Bundesarbeitsgericht entscheidet, daß der Betriebsrat bei der Einrichtung von Bildschirmarbeitsplätzen kein generelles Mitbestimmungsrecht für sich beanspruchen kann.

156

7. Bundesinnenminister Zimmermann empfängt in Bonn UNO-Flüchtlingskommissar Poul Hartling (156), den er zunächst nicht treffen wollte, weil dessen Behörde die deutsche Asylpraxis gerügt hatte. – Wegen verfassungsfeindlicher Ziele verbietet die Bundesregierung die „Aktionsfront Nationaler Sozialisten/Nationale Aktivisten", die größte bundesdeutsche Neonazi-Organisation. – Nur zehn Tage nach dem Absturz eines Jumbo-Jets (181 Tote) fordert auf dem Flughafen Madrid die Bodenkollision zweier Maschinen erneut 93 Todesopfer.
8. Als Reaktion auf die NATO-Nachrüstung unterbricht die Sowjetunion, nach ihrem Boykott der Verhandlungen über Mittelstreckenwaffen in Europa, auch die Genfer Gespräche über Interkontinentalraketen. – Das europäische Raumlabor „Spacelab", das als ersten Westdeutschen auch den Physiker Ulf Merbold an Bord hat, beendet erfolgreich seinen zehntägigen Jungfernflug.
9. Im Bonner Parlament wird der Bundeshaushalt 1984 verabschiedet; sein Volumen beträgt 257,14 Milliarden Mark, die Nettokreditaufnahme 33,6 Milliarden.
10. Mit der Vereidigung des neuen Präsidenten Raúl Alfonsín geht in Argentinien eine fast achtjährige brutale Militärherrschaft zu Ende.
12. Durch Bombenanschläge radikaler Schiiten auf Botschaften und Industrieanlagen im Ölscheichtum Kuweit werden sieben Menschen getötet und 84 verletzt.
15. Das Bundesverfassungsgericht erklärt die geplante Volkszählung 1983, die es im April schon ausgesetzt hatte, wegen mangelhaftem Datenschutz für nichtig.

157

16. Als „Schiff des Jahres" geht die MS „Blumenthal" in Dienst (157); ihr neuartiger Rettungssatellit am Heck (Werft Nobiskrug, Rendsburg) erhöht die Überlebenschancen in allen Seenotfällen.
17. Bei einer Brandkatastrophe in einer Madrider Diskothek kommen infolge unzureichender Sicherheitsvorkehrungen 81 Gäste ums Leben. – In London tötet eine vor dem Kaufhaus „Harrods" deponierte Autobombe der IRA fünf Menschen und verletzt 91 weitere zum Teil schwer.
20. Palästinenser-Chef Arafat und 4000 Anhänger, seit Wochen von PLO-Rebellen und Syrern in Tripoli eingeschlossen,

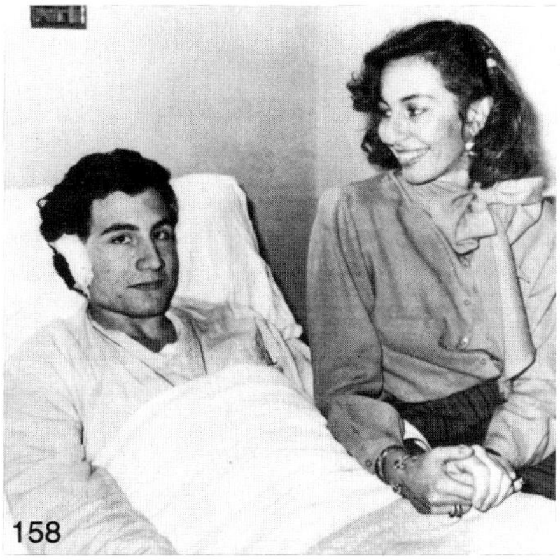
158

werden per Schiff aus dem Libanon evakuiert und später von verschiedenen arabischen Ländern aufgenommen.
24. Nach 35tägiger Gefangenschaft lassen Lösegelderpresser in Italien Mutter und Sohn des Juwelierhauses Bulgari frei. Um eine Zahlung zu erzwingen, hatten sie dem Jungen (158, mit seiner Schwester) ein Ohr abgeschnitten.
25. Der spanische Maler und Grafiker Joan Miró (159), ein Klassiker der Moderne, dessen Bildwelt eine heitere Unbeschwertheit ausdrückte, stirbt auf Mallorca im Alter von 90 Jahren.
27. Weil sie unter falschen Voraussetzungen gewährt wurden, widerruft das Bundeswirtschaftsministerium Steuervergünstigungen, die der Flick-Konzern in den 70er Jahren für eine US-Beteiligung erhielt. Gegen die drohende Nachforderung von 450 Millionen Mark wehrt sich die Firma durch Klage vor Gericht.
29. Die USA kündigen der UNO-Organisation für Erziehung, Wissenschaft und Kultur ihren Austritt an. Sie werfen der UNESCO zunehmende Politisierung, Radikalisierung und Verschwendung vor.
31. Im westafrikanischen Nigeria übernimmt nach einem unblutigen Putsch das Militär die Macht; neuer starker Mann wird Generalmajor Mohammed Buhari.

159

JANUAR

1. Das südostasiatische Sultanat Brunei, durch Ölvorkommen eine der reichsten Regionen der Erde, wird nach 96 Jahren von England unabhängig. – In der Bundesrepublik treten etliche sozialrechtliche Änderungen in Kraft, die den Bürgern erhebliche Opfer abverlangen. – Die Sowjetunion liefert im Rahmen des umstrittenen Röhrengeschäfts das erste Erdgas aus Sibirien nach Westeuropa. – Wegen des hohen Defizits, unter anderem durch zahlreiche mutwillige Zerstörungen (160), will die Bundespost das Telefonieren aus öffentlichen Zellen von 20 auf 30 Pfennig je Einheit verteuern.

160

2. Karl Brugger, langjähriger ARD-Korrespondent, wird in Rio de Janeiro, womöglich aus politischen Gründen, auf offener Straße erschossen. – Bonns Verkehrsminister Dollinger droht mit der Einführung einer westdeutschen Autobahngebühr, falls die EG-Partner den Wegezoll auf ihren Straßen beibehalten.

5. Durch die Presse wird bekannt, daß der Bundeswehr-General Günter Kießling wegen angeblicher Homosexualität entlassen wurde. Bundesverteidigungsminister Wörner muß ihn später rehabilitieren und gerät, wie auch der Militärische Abschirmdienst, schwer unter Beschuß.

10. Nach über 100jähriger Unterbrechung nehmen die USA und der Vatikan wieder volle diplomatische Beziehungen auf.

11. Das kommunistische Nordkorea bietet Südkorea und den Vereinigten Staaten überraschend Friedensgespräche an. Die beiden Adressaten möchten auch China daran beteiligen.

13. Mehr Verständnis der Industriestaaten und der internationalen Banken für ihre Wirtschaftsprobleme fordern die Länder Lateinamerikas und der Karibik auf einer Konferenz in Quito/Ecuador.

161

16. Bonn privatisiert weitere Anteile des VEBA-Konzerns und bietet Arbeitnehmern Aktien aus Bundesbesitz an (161).

17. In Stockholm beginnt die 35-Länder-Konferenz für Vertrauensbildung und Abrüstung in Europa (KVAE); sie soll mindestens drei Jahre dauern. – Aus dem „Rheinbraun"-Tagebau Hambach, dem „größten Loch der Erde", wird nach fünfjährigem Schürfen mit riesigen Abraumbaggern die erste Kohle gefördert (162).

162

18. Moskauer Quellen vermelden, daß die Sowjetunion als Antwort auf die westliche Nachrüstung nunmehr neue Nuklear-Raketen in der DDR stationiert.

19. Mit einer Einladung an Ägypten, in die arabische Dachorganisation ICO zurückzukehren, geht in Casablanca die 4. Islamische Gipfelkonferenz zu Ende. – Wolfgang Staudte, einer der bekanntesten deutschen Filmregisseure der Nachkriegszeit (163), stirbt 77jährig bei Dreharbeiten in Jugoslawien.

20. Kurz nach dem „Brotkrieg" in Tunesien muß auch Marokko Unruhen blutig niederschlagen, die wegen Preiserhöhungen für Nahrungsmittel ausbrachen. – Norwegen entlarvt den Pressechef seines Außenministeriums, Arne Treholt, als Agenten des Sowjet-Geheimdienstes KGB. – Sechs DDR-Bürger bitten in der

163

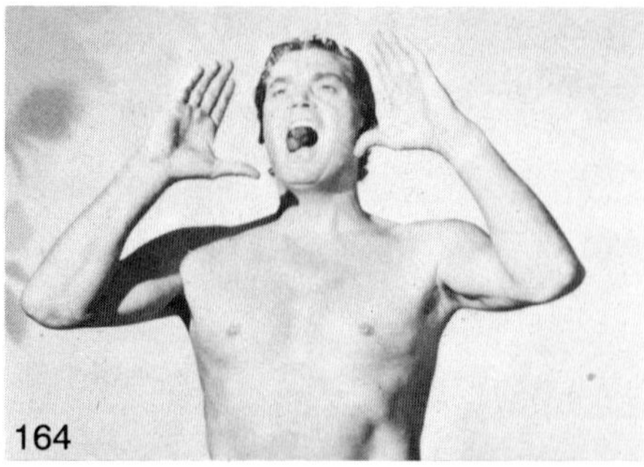

164

Ostberliner US-Botschaft um politisches Asyl. Sie wollen die Ausreise in den Westen erzwingen – wie ihre Landsleute, die wenig später auch in der Ständigen Vertretung Bonns Zuflucht suchen. – In Acapulco/Mexiko stirbt, 79 Jahre alt, der legendäre Superschwimmer und „Tarzan"-Mime Johnny Weissmüller (164).

21. Die USA forcieren das Wettrüsten im All: Sie testen erstmals eine Rakete, die Feind-Satelliten zerstören kann.

24. Der Bundesgerichtshof entscheidet in einem Grundsatzurteil, daß für den Gesamtschaden einer Demonstration nicht einzelne Teilnehmer zu haften haben.

25. In Brasilien fordern bei der größten politischen Massenkundgebung seit dem Militärputsch vor 20 Jahren Hunderttausende eine Direktwahl des Präsidenten durch das Volk. Einen gleichlautenden Antrag der Opposition bringt der Kongreß am 26. April knapp zu Fall.

30. US-Präsident Ronald Reagan gibt in einer Fernsehansprache offiziell seinen Entschluß bekannt, im November für eine zweite Amtszeit zu kandidieren.

FEBRUAR

1. Vor dem OLG Stuttgart beginnt der Prozeß gegen die mutmaßlichen RAF-Terroristen Klar und Mohnhaupt. Ihnen wird neunfacher Mord zur Last gelegt.
2. Bundesforschungsminister Riesenhuber kündigt die Einsetzung eines Gremiums an, das die ethischen und rechtlichen Fragen der Anwendung der Gen-Technologie am Menschen klären soll. – Robert White, früherer Botschafter der USA in El Salvador, attackiert die Regierung Reagan: Sie wisse und vertusche seit Jahren, daß der rechtsextreme salvadorianische Präsidentschaftskandidat d'Aubuisson 1980 den populären Erzbischof Oscar Romero ermorden ließ.
4. Angesichts der drohenden privaten Konkurrenz kaufen die ARD-Anstalten in Hollywood für 80 Millionen Dollar die Senderechte für 1350 Spielfilme ein. Das ZDF zieht mit rund 1200 Titeln nach.
5. Der Schriftsteller Manès Sperber, im Oktober 1983 mit dem Friedenspreis des Deutschen Buchhandels geehrt, stirbt 78jährig in einem Pariser Krankenhaus.
6. In der libanesischen Hauptstadt Beirut brechen die schwersten Kämpfe seit Monaten aus. Am 7.2. erobern schiitische und drusische Milizen den Westteil der Stadt. Die multinationale Friedenstruppe zieht sich ab 8.2. zurück – zunächst die Briten und Amerikaner, dann auch die Italiener und Franzosen.
8. Unter Teilnahme von 49 Nationen werden im jugoslawischen Sarajevo die XIV. Olympischen Winterspiele eröffnet (165).

165

9. Nur 15 Monate als Breschnew-Erbe im Amt, stirbt – 69 Jahre alt – der sowjetische Staats- und Parteichef Jurij Andropow. Sein Nachfolger wird Konstantin Tschernenko. – Gert Bastian, Symbolfigur der grünen Bewegung (166), verläßt – ohne Mandat und Parteimitgliedschaft aufzugeben – die Bundestagsfraktion der Grünen, weil er mit deren Arbeitsorganisation unzufrieden ist.

166

10. Westdeutschlands Geldinstitute beugen sich heftigem Kundenprotest: Anders als geplant, werden Bonitäts-Auskünfte über Privatpersonen nun nur nach deren ausdrücklicher Zustimmung erteilt.
13. Am Rande der Moskauer Trauerfeiern für Jurij Andropow treffen Bundeskanzler Kohl und DDR-Staatschef Honecker zu ihrem ersten persönlichen Gespräch zusammen. – In einem gemeinsamen Appell rufen 46 Regimekritiker aus Polen und der ČSSR den Westen auf, sich für die Freilassung der politischen Gefangenen in ihren Ländern einzusetzen.
14. Der Europäische Gerichtshof legt an Nord- und Ostsee die „Butterschiffe" an die Leine: Steuerfreier Bordverkauf ist ohne Landgang im Ausland nicht erlaubt.

167

16. In der Gelsenkirchener Zeche „Consolidation" kommen durch einen Geröllsturz fünf Kumpel ums Leben; fünf weitere Verschüttete können unverletzt geborgen werden (167).
17. Gegen die seit 1983 von Gutverdienenden erhobene Investitionshilfeabgabe bestehen laut Bundesfinanzhof erhebliche Bedenken; sie muß aber vorerst weitergezahlt werden. – Am 20.2. entscheidet dasselbe Gericht, daß beruflich veranlaßte Geldbußen steuerlich absetzbar sind. Der Bundestag schließt dieses Gesetzes-Schlupfloch im Juni.
22. Für die Entwicklung des A 320, des dritten Flugzeugtyps der europäischen Airbus-Familie, bewilligt Bonn einen Zuschuß von 1,5 Milliarden Mark. – Der zwölfjährige David, weltweit als „Glasglockenjunge" bekannt, da er wegen Immunschwäche von Geburt an in einem sterilen Plastikzelt leben mußte (168), stirbt in Houston/Texas an Leukämie.

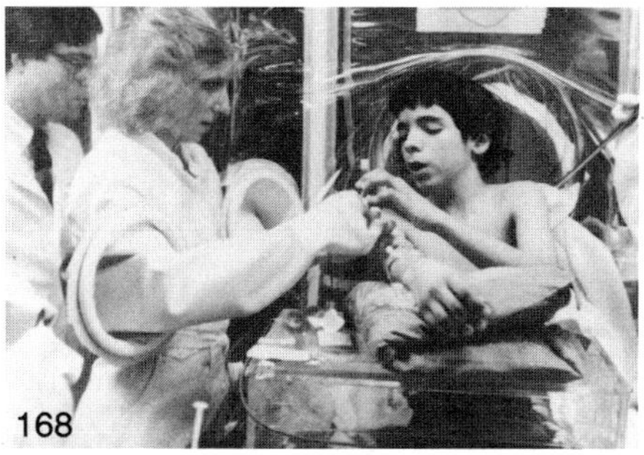

168

23. Mit den Stimmen von Union und FDP regelt der Bundestag die Kontrolle der Geheimdienst-Etats neu: Er überträgt sie einem Sondergremium, dem kein Abgeordneter der Grünen angehören wird. – Nachdem die SPD ihre bisherigen Vorbehalte aufgegeben hat, kommen die Ministerpräsidenten der Länder überein, am künftigen Satellitenfernsehen auch private Programmanbieter zu beteiligen.
25. Im Armenviertel der brasilianischen Industriestadt Cubatão finden bei einem verheerenden Großbrand nach einer Pipeline-Explosion mindestens 93 Menschen den Tod. – Bundespräsident Karl Carstens reist zu den letzten zwei Staatsbesuchen seiner Amtszeit nach Indonesien (169) und Thailand.

169

29. Nach Zusage der Regierung Italiens, die Zollabfertigungen zu beschleunigen, beenden protestierende Lkw-Fahrer ihre einwöchige Totalblockade am Brenner.

MÄRZ

1. Auf Beschluß der Regierung Thatcher dürfen Angehörige der britischen Geheimdienstzentrale Cheltenham keiner Gewerkschaft mehr angehören. – Jackie Coogan, 69, der als Kinderstar in dem Chaplin-Film „The Kid" berühmt wurde, stirbt in Santa Monica/Kalifornien.
3. Bundeskanzler Kohl reist zu Konsultationen nach Washington; bei Präsident Reagan drängt er erfolglos auf ein baldiges Gipfeltreffen der Supermächte.
5. Unter dem Druck Syriens kündigt der Libanon seinen Truppenabzugsvertrag mit Israel auf, der nur beim Rückzug auch der syrischen Soldaten wirksam werden sollte. Am 12.3. setzen die libanesischen Bürgerkriegsparteien in Lausanne ihre Versöhnungskonferenz fort. Sie beschließen eine Waffenruhe, die jedoch keine Seite einhält. – Der Warschauer Pakt erneuert seinen Vorschlag an die NATO, die Militärausgaben beiderseits einzufrieren und später zu reduzieren.

170

6. Für eine Beteiligung Europas am Bau einer 10 Milliarden Dollar teuren bemannten Raumstation wirbt Amerikas NASA-Chef James Beggs in Bonn (170). – Martin Niemöller (171), als streitbarer evangelischer Theologe ein oft unbequemer Mahner, stirbt im Alter von 92 Jahren.

171

7. Frankreichs Marine bringt in EG-Gewässern durch Schüsse zwei illegal fischende spanische Trawler auf. In Spanien gipfelt die Empörung darüber in Anschlägen auf französische LKWs (172).

172

8. Weil er als Manager einer Privatfirma scheiterte, tritt Harry Ristock als SPD-Spitzenkandidat für die Berliner Abgeordnetenhauswahl 1985 zurück. Sein Nachfolger wird Hans Apel. – 16 Bonner SPD-Abgeordnete besuchen die DDR-Volkskammer in Ost-Berlin. Es ist der erste offizielle Kontakt zwischen den Parlamenten beider deutscher Staaten.
11. Auf der Leipziger Messe erklärt sich SED-Chef Honecker gegenüber westdeutschen Politikern bereit, im Herbst in die Bundesrepublik zu kommen.
12. Der Schriftsteller Uwe Johnson, 49, wird in seinem Haus in Südengland, wo er seit 1974 wohnte, tot aufgefunden.
15. In Großbritannien greift ein Bergarbeiterausstand auf Dreiviertel aller Kohlezechen über. Der Streik eskaliert zu einer monatelangen Machtprobe mit der konservativen Londoner Regierung.
16. Nach dreimonatiger Pause werden in Wien die Ost-West-Verhandlungen über einen Truppenabbau in Mitteleuropa wiederaufgenommen. – Die Regierungschefs von Südafrika und Mosambik, Pieter Botha und Samora Machel (173), unterzeichnen an der Grenze zwischen ihren jahrelang verfeindeten Ländern einen Nichtangriffspakt.

173

18. Bei den Kommunalwahlen in Bayern behauptet die CSU trotz Einbußen landesweit ihre führende Position. Die Sozialdemokraten gewinnen leicht hinzu, die FDP wird von den Grünen überrundet.
20. Ingrid Berg, Nichte des DDR-Ministerpräsidenten Stoph, die im Februar in Bonns Prager Botschaft Zuflucht gesucht hatte, trifft mit ihrer Familie in Gießen ein. Insgesamt läßt die DDR im ersten Halbjahr 1984 mehr als 30 000 ihrer Bürger in den Westen ausreisen. – Zum zweitenmal binnen vier Monaten scheitert in Brüssel ein EG-Gipfel am Problem der britischen Beitragszahlungen.
24. Drei Tage vor einem neuen „nationalen Protesttag" gegen die Diktatur verhängt das Militärregime in Chile wieder den Ausnahmezustand, den es erst im August 1983 aufgehoben hatte.
25. Baden-Württemberg wählt einen neuen Landtag. Das Ergebnis: Verluste, aber wieder absolute Mehrheit der CDU, Stagnation der SPD, deutlicher Rückgang der FDP, erhebliche Gewinne der Grünen. – Organisatorisch im Chaos und ohne klaren Sieger endet die Präsidentenwahl in El Salvador. Der Christdemokrat Duarte und der Rechtsextremist d'Aubuisson müssen sich Anfang Mai einer Stichwahl stellen.
26. Sekou Touré, 62, seit 1958 Staatschef von Guinea, stirbt nach einer Herzoperation in den USA. Eine Woche nach seinem Tod übernimmt in dem westafrikanischen Land das Militär die Macht.
29. CDU/CSU und FDP stimmen im Bundestag für ein bis 1988 geltendes Gesetz, das Arbeitnehmern, die schon mit 58 Jahren in den Ruhestand treten, 65 Prozent der letzten Bruttobezüge garantiert. – Durch Abbau von 20 000 Arbeitsplätzen will Frankreichs Regierung die Stahlindustrie sanieren; dies löst im Krisenrevier Lothringen wütende Proteste aus.

APRIL

1. Beim deutschen Unterhaltungselektronik-Hersteller Grundig wechselt die Führung. Sie geht auf den holländischen Philips-Konzern über; Firmengründer Max Grundig ist nur noch Berater. – In Ludwigshafen, wo am 1. Januar kommerzielles Kabel-TV Premiere hatte, wird das erste private Fernsehprogramm über Satelliten gesendet. Zugleich startet in München ein zweites Kabelpilotprojekt. – Unter neuer Flagge verläßt der Kreuzfahrer „Astor" seinen alten Heimathafen Hamburg (174). Das „Traumschiff" hatte der HADAG große Verluste eingefahren und wurde nach Südafrika verkauft.

3. In der westdeutschen Druckindustrie scheitert im Streit um die 35-Stunden-Woche die Schlichtung. Ab 12.4. wird die Branche schwerpunktmäßig bestreikt.

5. Bayern verankert als erstes Land der Bundesrepublik den Umweltschutz in seiner Verfassung.

6. Bundeskanzler Kohl empfängt in Bonn das SED-Politbüromitglied Günter Mittag. Beide Politiker sprechen sich in einer gemeinsamen Erklärung für den Ausbau der deutsch-deutschen Beziehungen aus.

8. Neuerliche Gefechte werden von der chinesisch-vietnamesischen Grenze gemeldet; Peking und Hanoi werfen sich gegenseitig bewaffnete Übergriffe vor.

9. Wegen eines „kriegerischen Akts" der USA ruft Nicaragua den Internationalen Gerichtshof an. Das Land wehrt sich gegen die Verminung seiner Häfen – eine antisandinistische CIA-Aktion, die auch im US-Kongreß auf Ablehnung stößt. – Mit fünf „Oscars" wird von der amerikanischen Filmkunstakademie James Brooks' Erstlingsfilm „Zeit der Zärtlichkeit" bedacht; zwei davon gehen an Shirley MacLaine und Jack Nicholson (175).

175

10. Australische Ärzte geben die Geburt des ersten „Tiefkühlbabys" bekannt. Es entwickelte sich aus einem Retorten-Embryo, der bis zur Einpflanzung in den Mutterleib zwei Monate eingefroren war. –

174

Auf Antrag dreier Klägerinnen aus der Bundesrepublik urteilt der Europäische Gerichtshof, daß Frauen, die im Beruf gegenüber Männern diskriminiert werden, Anspruch auf Schadensersatz haben. – Der Besatzung der US-Raumfähre „Challenger" gelingt es, einen defekten Forschungssatelliten zu bergen, zu reparieren und wieder im All auszusetzen.

14. Am Kongreß vorbei ordnet US-Präsident Reagan an, Waffen und andere Militärgüter – zum Einsatz gegen „linke Guerilleros" – nach El Salvador zu liefern.

176

15. Hans-Dietrich Genscher besucht Argentinien. Er ist der erste Außenminister Westeuropas, der nach dem Ende der Diktatur dem neuen Staatschef Alfonsín seine Aufwartung macht (176). – Auf dem „Hamburger Dom", wo sich bereits 1981 ein tödlicher Unfall ereignete, entgleist wegen eines Gewindebruchs eine Mini-Lok. Das Unglück fordert einen Toten und 18 zum Teil schwer Verletzte.

17. In London werden durch Schüsse aus der libyschen Botschaft, die demonstrierenden Gaddafi-Gegnern gelten, eine Polizistin getötet und zehn Menschen verletzt. England bricht daraufhin die diplomatischen Beziehungen zu Libyen ab.

19. Bei den Olympischen Spielen in Los Angeles wollen 14 anti-sowjetische Organisationen „den Russen die Teilnahme so ungemütlich wie möglich machen". Am 24.4. fordert Moskau die USA zur Einhaltung der Olympischen Charta auf.

23. Rund eine halbe Million Bundesbürger, so die Veranstalter, beteiligen sich an den Aktionen der Ostertage gegen das Wettrüsten in Ost und West.

26. Ronald Reagan trifft zu einem offiziellen Besuch in China ein, seinem ersten in einem kommunistischen Land. Als letzter amerikanischer Präsident war 1975 Gerald Ford in der Volksrepublik. – In München beginnt der Prozeß gegen Bayerns früheren Staatsschutzchef Hans Langemann; er soll Staats- und Dienstgeheimnisse an Journalisten verraten haben. – Count Basie, als Pianist und Bandleader einer der Großen der Jazzmusik (177), stirbt 79jährig in Hollywood.

177

30. Im Libanon bildet der neuernannte Ministerpräsident Karame in der Hoffnung auf ein Ende des Bürgerkriegs ein „Kabinett der nationalen Einheit", das je zur Hälfte aus Moslems und Christen besteht. – Die Deutsche Bundespost verärgert ihre Kunden: Nach dem Wegfall der Nachtleerung will sie auch vormittags keine Briefkästen mehr leeren.

MAI

1. Über Kolumbien wird der Ausnahmezustand verhängt. Anlaß ist die Ermordung des Justizministers, der als engagierter Gegner der Drogen-Mafia galt.
2. Der sowjetische Regimekritiker Sacharow tritt an seinem Verbannungsort Gorki unbefristet in den Hungerstreik. Auf Fragen nach seinem Schicksal verlautet aus Moskau stereotyp, er sei wohlauf. –

178

In Dortmund geht das erste vollautomatische Nahverkehrssystem der Bundesrepublik in Betrieb; die führerlose Hängebahn (178) verbindet zwei Universitätszentren. – Papst Johannes Paul II. bricht zu einer seiner längsten Auslandsreisen auf. Er will Nordkorea, Neuguinea, die Salomonen und Thailand besuchen; in Alaska trifft er mit dem China-Heimkehrer Reagan zusammen.
3. Nach einer Unfallflucht unter Alkoholeinfluß, über die er zunächst falsche Angaben machte, tritt Hamburgs SPD-Finanzsenator Jörg König zurück.
4. Diana Dors, einst als „Englands Antwort auf Marilyn Monroe" gefeiert (179), erliegt 52jährig einem Krebsleiden.

179

6. Bei der Präsidentschafts-Stichwahl in El Salvador siegt der Christdemokrat José Napoleón Duarte über seinen ultrarechten Rivalen Roberto d'Aubuisson.
7. Insgesamt 180 Millionen Dollar Entschädigung, so ein Vergleich mit den Herstellern, sollen Tausende von US-Veteranen erhalten, die im Vietnamkrieg Opfer des Entlaubungsgifts „Agent Orange" wurden. – Mit dreimal Lebenslang für den RAF-Aussteiger Peter Boock wegen Beteiligung an sechs Morden spricht das OLG Stuttgart das bisher härteste Urteil in einem Terroristen-Prozeß.
8. Die UdSSR wirft Amerika Mißachtung der olympischen Ideale vor und sagt – Revanche für Moskau 1980 – ihre Teilnahme an der Olympiade in Los Angeles ab. Bis auf Rumänien schließt sich der übrige Ostblock dem Boykott an. – In Libyen überfallen bewaffnete Rebellen das Hauptquartier von Staatschef Gaddafi. Die Angreifer werden getötet. – Rocksänger Udo Lindenberg erfährt aus Ost-Berlin, daß seine für den Sommer geplante DDR-Tournee unerwünscht ist.
9. Bonn und Peking treffen ein Kooperationsabkommen über die friedliche Nutzung der Kernenergie. Es ist der erste derartige Vertrag der Nuklearmacht China mit einem Nicht-Atomwaffenstaat.
10. Auf Antrag Managuas erläßt der Internationale Gerichtshof eine einstweilige Verfügung, die den USA das Verminen nicaraguanischer Häfen untersagt.

180

14. In der Bundesrepublik spitzt sich der Konflikt um die 35-Stunden-Woche zu: Nach den Druckern streiken auch die Metaller; die Autoproduktion kommt zum Erliegen (180). Gegen Monatsende antworten die Arbeitgeber mit Aussperrungen.
16. Heftiger Widerstand aus den Reihen der Liberalen und scharfe öffentliche Kritik zwingen die Bonner Koalitionsfraktionen CDU/CSU und FDP, ihr Vorhaben aufzugeben, Steuersünden bei Parteispenden per Gesetz zu amnestieren. – Der amerikanische Bestseller-Autor Irwin Shaw („Die jungen Löwen") stirbt im Alter von 71 Jahren in der Schweiz.
17. Im saudiarabischen Riad beratschlagen die Golfstaaten über Schutzmaßnahmen für ihren Rohölexport. Sie fordern die kriegführenden Länder Irak und Iran auf, die Luftangriffe auf Öltanker im Persischen Golf einzustellen.
20. Bundesaußenminister Hans-Dietrich Genscher macht einen Arbeitsbesuch in Moskau. Seine Gesprächspartner, zu denen auch Sowjet-Staatschef Tschernenko zählt, lassen keine Bereitschaft zu einer Wiederbelebung des Ost-West-Dialogs erkennen.
23. Mit überwältigender Mehrheit wählt die Bundesversammlung in Bonn Richard von Weizsäcker (CDU) als Carstens-Nachfolger zum sechsten Präsidenten der Bundesrepublik Deutschland. Luise Rinser, die Kandidatin der Grünen, erhält 68 Stimmen. – Münchens Traditionslokal „Donisl" muß nach einer Polizeirazzia schließen (181). Es entpuppte sich als

181

eine „Räuberhöhle", in der zahlreiche Gäste betrogen und bestohlen wurden.
26. Rumänien weiht nach langjähriger Bauzeit ein Prestigeobjekt ein: den Donau-Schwarzmeer-Kanal, der den Weg zum Meer um gut 300 Kilometer verkürzt.
29. Im Düsseldorfer Landtag konstituiert sich ein Untersuchungsausschuß, der die Kostenexplosion beim Bau des Aachener Großklinikums aufklären soll.

JUNI

1. Auf dem FDP-Konvent in Münster verspricht Parteichef Genscher, in der Amnestie-Affäre arg gebeutelt, den FDP-Vorsitz bald abzugeben. Nur 241 von 390 Delegierten wählen ihn nochmals wieder. – Ronald Reagan tritt seine zweite Europareise an. Er besucht Irland, das Land seiner Ahnen, und nimmt dann an den Invasionsfeiern in der Normandie und am Wirtschaftsgipfel in London teil.
4. Südafrikas Regierungschef Pieter Botha macht nach Visiten in Portugal und England auch in Bonn Station. Sein Aufenthalt wird von Protesten gegen Pretorias Apartheidspolitik begleitet.

182

6. Nach monatelangem blutigem Terror in der Provinz Pandschab stürmt die indische Armee den „Goldenen Tempel" von Amritsar, in dem sich militante, nach Autonomie strebende Sikhs seit längerer Zeit verschanzt haben (182).
7. Einmütige Kritik am Militärischen Abschirmdienst, Uneinigkeit im Urteil über Minister Wörner – zu diesem Ergebnis kommt der Bundestags-Ausschuß im Fall Kießling. – Holger Börner (SPD), seit 1982 nur kommissarisch im Amt, wird mit den Stimmen der Grünen zum hessischen Ministerpräsidenten gewählt.
9. Mit einer Fülle zumeist substanzloser Erklärungen und ohne Beschlüsse von Gewicht geht in London der 10. westliche Wirtschaftsgipfel zu Ende.
11. Enrico Berlinguer, Generalsekretär der KPI und engagierter Eurokommunist, erliegt 62jährig einem Gehirnschlag. Sein Nachfolger wird Alessandro Natta.
12. Im Bürgerkriegsland Libanon spricht das Parlament dem neuen Premier Karame das Vertrauen aus und ermächtigt ihn, neun Monate per Dekret zu regieren.
17. Bei der zweiten Direktwahl zum Europa-Parlament entfallen auf CDU/CSU 46, die SPD 37,4 und die Grünen 8,2 Prozent der Stimmen. Die FDP scheitert knapp an der Fünf-Prozent-Hürde. – Beachtliche Erfolge der Grünen erbringen auch die Kommunalwahlen im Saarland und in Rheinland-Pfalz. An der Saar wird die SPD erstmals stärkste Partei.
20. Bonns Regierungskoalition einigt sich nach langem Disput auf eine Steuerreform, die den Bürgern rund 20 Milliarden Mark Entlastung bringen soll.
21. Kurt Biedenkopf (CDU) scheitert als Vermittler im Druck-Tarifkonflikt: Seinen Vorschlag, statt der Wochen- durch freie Tage die Jahresarbeitszeit zu verkürzen, lehnen die Arbeitgeber ab.
22. Im Alter von 75 Jahren stirbt in London der amerikanische Regisseur Joseph Losey (183), der mit mehr als 20 Filmen internationalen Ruhm errang.

183

23. Wegen des Todes seiner Frau bricht Franz Josef Strauß eine Jugoslawienreise ab. Marianne Strauß kam am Vortag bei einem Autounfall ums Leben (184).

184

25. Als Nachfolger des nach zwölfjähriger Amtszeit scheidenden Holländers Joseph Luns wird der Brite Lord Carrington neuer NATO-Generalsekretär. – Vor dem Bonner Kanzleramt lädt die Friedensbewegung die Stimmzettel ihrer „Volksbefragung" vom 17.6. ab, bei der 88 Prozent der 5,2 Millionen Befragten gegen die Nachrüstung votierten (185). –

185

In Paris stirbt 57jährig der französische Historiker und Philosoph Michel Foucault an einer Blutvergiftung (186).

186

26. Drei Tage vor Eröffnung des Hauptverfahrens in der Flick-Parteispendenaffäre tritt Otto Graf Lambsdorff, FDP, als Bundeswirtschaftsminister zurück. Das Ressort übernimmt Martin Bangemann. – Auf dem EG-Gipfel in Fontainebleau wird endlich der Streit um die britischen Beitragszahlungen beigelegt. Die Teilnehmer des Treffens sehen nunmehr für die Gemeinschaft „neue Horizonte".
27. Bonn schließt vorübergehend seine Ständige Vertretung in Ost-Berlin für Besucher; Anlaß ist der Andrang ausreisewilliger DDR-Bürger. – Bis 1993 wollen 18 Staaten in Ost und West ihren Schadstoff-Ausstoß um 30 Prozent senken. Dazu verpflichten sie sich auf einer multilateralen Umweltkonferenz in München. – Im bestreikten Metall-Bezirk Nordwürttemberg/Nordbaden akzeptieren die Tarifparteien ein Schlichtungs-Modell von Georg Leber (SPD), das im Kern die Einführung der 38,5-Stunden-Woche vorsieht. Auf dieser Grundlage einigt man sich am 30.6. auch in Hessen.
29. Der Bundestag erörtert die Kabelpläne von Postminister Schwarz-Schilling, die der Bundesrechnungshof für erheblich teurer hält als kalkuliert.
30. In Kanada wird John Turner neuer Regierungschef; sein Vorgänger Trudeau zieht sich ins Privatleben zurück.

JULI

1. Richard von Weizsäcker wird als neuer Bundespräsident vereidigt und damit Amtsnachfolger von Karl Carstens (187).

187

3. Washington akzeptiert das Angebot Moskaus, über ein Verbot von Weltraumwaffen zu verhandeln. Bedingung: Die UdSSR müsse auch den Genfer Raketendialog wiederaufnehmen. – Nach siebenwöchigem Streik und dessen Schlichtung durch Georg Leber gehen in Nordwürttemberg/Nordbaden die Metaller wieder an die Arbeit; ihre hessischen Kollegen folgen zwei Tage später. Am 8.7. beenden auch die Drucker den Arbeitskampf.
4. Im libanesischen Beirut entschärft sich die Bürgerkriegslage. Die Armee übernimmt absprachegemäß die Kontrolle über die Stadt, Hafen und Airport werden wieder geöffnet. – Als erster deutscher Kanzler besucht Helmut Kohl Argentinien und Mexiko. Zentrale Themen seiner Visiten sind die Schuldenlast beider Länder und die Mittelamerika-Krise.
8. Franz Fühmann, 62, einer der profiliertesten Autoren der DDR, stirbt in Ost-Berlin nach längerer Krankheit.
9. Die FDP-Führung beschließt, daß Bundeswirtschaftsminister Bangemann neuer Chef der Liberalen werden soll, wenn Hans-Dietrich Genscher 1985 abtritt.
10. Ab Herbst 1984, so vereinbart Ost-Berlins Verkehrsminister Otto Arndt in Frankfurt, werden Lufthansa und DDR-Interflug einen regelmäßigen innerdeutschen Messe-Flugverkehr aufnehmen.
13. Gegen den Widerstand der SPD-Länder billigt der Bundesrat die Stiftung „Mutter und Kind", die notleidenden werdenden Müttern im Einzelfall bis zu 5000 Mark gewähren soll. Ihr Initiator, Familienminister Geißler (CDU), legte sich kurz vorher heftig mit den Beratern von „Pro Familia" an; sie nannten Geißlers Bundesstiftung „die mieseste Hilfe, die Schwangeren je angeboten wurde".

17. In Frankreich tritt nach monatelangem Schulreform-Streit die Regierung Mauroy zurück. Neuer Premier wird Laurent Fabius, bisher Industrieminister. Seinem am 19.7. gebildeten Kabinett gehören die Kommunisten nicht mehr an. – Das Bundesverfassungsgericht verpflichtet die Bundesregierung, an den Flick-Untersuchungsausschuß alle einschlägigen Akten herauszugeben. Es räumt damit dem Kontrollrecht des Parlaments Vorrang vor dem Steuergeheimnis ein.

188

18. Walter Mondale, einst Stellvertreter Carters, wird von den US-Demokraten zum Kandidaten für die Präsidentenwahl am 6. November nominiert, als Herausforderer des Republikaners Reagan. Für die Vizepräsidentschaft kandidiert Geraldine Ferraro (188). – Bundesjustizminister Hans Engelhard stellt in Bonn die Datenbank JURIS vor. Das in seinem Ressort entwickelte Computersystem hat derzeit etwa 450 000 Rechtsquellen gespeichert, die Interessenten abrufen können. – In San Ysidro/Kalifornien richtet ein Amokschütze ein Blutbad an (189): Er tötet in einem Restaurant 20 Gäste, ehe er selbst erschossen wird.

189

190

19. Einigen Wirbel löst in der Bundesrepublik ein Sowjet-Laster aus (190), dessen Neun-Tonnen-Ladung (angeblich Funk- und Chiffriergerät für eine Botschaft) die Russen als „Diplomatengepäck" deklarieren und nicht kontrollieren lassen wollen. Erst nach Tagen stimmen sie einer flüchtigen „Nachschau" zu und erhalten dann wieder freie Fahrt.
21. Aus Anlaß des 40. Jahrestags der Volksrepublik verabschiedet Polens Parlament eine Amnestie, unter die auch alle politischen Häftlinge fallen.
23. Israel wählt vorzeitig eine neue Knesset. Da wiederum keine Partei die absolute Mehrheit erringt, wird der Ruf nach einer großen Koalition lauter.
25. Die Bundesregierung verbürgt sich, wie schon 1983, für einen 950-Millionen-Mark-Kredit an die DDR; im Gegenzug stellt Ost-Berlin Reiseerleichterungen in Aussicht. Moskau wirft Bonn daraufhin vor, die DDR zu bevormunden.

191

27. Im Alter von 75 Jahren stirbt in Lausanne der englische Schauspieler James Mason (191), der als einer der besten Charakterdarsteller galt.
28. Ronald Reagan eröffnet im Coliseum-Stadion von Los Angeles die 23. Olympischen Sommerspiele, die der Ostblock mit Ausnahme Rumäniens boykottiert.
30. Der deutsche Journalismus verliert seinen Nestor: Fritz Sänger – erster Chefredakteur von dpa, Buchautor und Politiker – stirbt 82jährig in München.

AUGUST

1. In der Bundesrepublik tritt für Autofahrer die Anschnallpflicht in Kraft; „Gurtmuffel" müssen nun 40 Mark bezahlen.
2. Weil Frankreich es ablehnt, fünf islamische Attentäter freizulassen, sprengen Luftpiraten in Teheran das Cockpit einer entführten Air-France-Boeing; die Passagiere durften vorher aussteigen. Am 8. und 28.8. kidnappen Khomeini-Gegner jeweils einen iranischen Airbus und bitten in Italien bzw. im Irak um Asyl.

192

5. Richard Burton (192), trinkfester britischer Weltstar und Ex-Ehemann von Elizabeth Taylor, erliegt im Alter von 58 Jahren einem Gehirnschlag. – In Hanau stirbt 72jährig der Dichter Rudolf Hagelstange, Erster Vorsitzender des Bundesverbands Deutscher Autoren (193).

193

6. Bonn reagiert auf die dubiose Rolle einer deutschen Chemie-Anlage im Irak und bremst den Export aller Güter, die sich zur Giftgasproduktion eignen.
9. Die UdSSR zieht ihr Überschallflugzeug TU-144 aus dem Verkehr (194). Das Gegenstück zur westlichen „Concorde" flog (seit 1977) zu unwirtschaftlich.

194

195

10. Wegen hoher Verluste stellen die renommierten Münchner Zweiradwerke Zündapp (195) Antrag auf Vergleich; im September folgt der Anschlußkonkurs.
11. US-Präsident Reagan scherzt bei einer Mikrofonprobe, er habe soeben die Bombardierung Rußlands befohlen. Der makabre Jux erregt weltweites Aufsehen und wird vom Urheber später bedauert.
12. In Los Angeles enden die boykottbelasteten 23. Olympischen Sommerspiele. Am erfolgreichsten waren die USA, vor Rumänien, Bundesrepublik und China.
14. Auf der zweiten Weltbevölkerungskonferenz der UNO in Mexiko segnen die Teilnehmer nach viel politischem Streit ein gemeinsames Schlußdokument ab, das dem Kampf gegen Armut und Arbeitslosigkeit höchste Priorität einräumt. –

196

John B. Priestley (196), englischer Romancier und Autor vielgespielter Bühnenwerke („Ein Inspektor kommt"), stirbt im 90. Lebensjahr in Stratford-on-Avon. – In Bonn wird ein neuer „Krebs-Atlas" vorgestellt, der wesentlich detaillierter als seine Erstauflage die bundesdeutsche Krebssterblichkeit aufzeigt.
15. Bundesbildungsministerin Wilms appelliert an die Wirtschaft, noch mehr Lehrstellen zu schaffen, warnt aber gleichzeitig vor Panikmache, nachdem die Bundesanstalt für Arbeit gerade ein Defizit von 213 000 Plätzen gemeldet hatte.
16. Mit einem sensationellen Freispruch geht in Los Angeles der Prozeß gegen den Sportwagenfabrikanten John DeLorean zu Ende, dem man Kokainhandel vorwarf. Die Jury stellte fest, daß das FBI ihn bewußt in eine Falle lockte.
17. Im Roten Meer startet eine multinationale Minensuche – nach Schiffsbeschädigungen durch Detonationen. Verdächtigt wird Libyen, geortet werden indes, mit einer Ausnahme, nur Sprengkörper, die aus dem Nahostkrieg von 1973 stammen.
20. Niedersachsen genehmigt den Betrieb des umstrittenen Kohlekraftwerks Buschhaus, den jedoch ein Verwaltungsgericht aus umweltschutz- und formalrechtlichen Gründen vorerst stoppt.
21. Vor dem Landgericht Hamburg müssen sich Ex-„stern"-Reporter Gerd Heidemann und der Fälscher Konrad Kujau wegen des Millionencoups mit den getürkten Hitler-Tagebüchern verantworten.
22. Vom Parteikonvent der Republikaner in Dallas werden US-Präsident Reagan und sein Vize George Bush offiziell zur Wiederwahl im November nominiert. – In Südafrika dürfen die Mischlinge und am 28.8. auch die Asiaten erstmals Parlamentsabgeordnete wählen – aufgrund einer Verfassungsreform, die als Farce gilt, da sie der schwarzen Bevölkerungsmehrheit dieses Recht weiter verwehrt.
24. Auf einem Inlandsflug kapern Sikh-Extremisten eine indische Verkehrsmaschine. Sie fordern von Neu Delhi die Haftentlassung von Gesinnungsgenossen, geben aber schließlich in Dubai auf.

197

25. Truman Capote (197), durch Romane wie „Frühstück bei Tiffany" und „Kaltblütig" weltbekannt, stirbt 59jährig. – Vor Ostende kollidiert der französische Frachter „Mont Louis" mit einer deutschen Fähre und sinkt. Seine radioaktive Ladung wird nach Wochen geborgen.
28. Das Bundeskabinett erlaubt Postminister Schwarz-Schilling, seine Kabelpläne durch Schleuderpreise zu forcieren.
31. Marokko und Libyen billigen per Referendum ihren Zusammenschluß zu einer Förderation, den die Staatsoberhäupter beider Länder am 13.8. vereinbarten.

SEPTEMBER

1. Afghanische Freiheitskämpfer verüben einen Anschlag auf den Flughafen Kabul. Unter den 42 Toten und über 100 Verletzten sind viele Frauen und Kinder.
2. Auf den Philippinen richtet der Wirbelstum „Ike" die schwersten Schäden seit Jahrzehnten an. Fast 2000 Menschen werden getötet, etwa 200 000 obdachlos. – Am Tage vor Inkrafttreten einer neuen Verfassung, die Premier Botha zum Exekutivpräsidenten aufwertet, brechen im Apartheidsstaat Südafrika blutige Unruhen in schwarzen Gettos aus (198).

198

4. SED-Chef Honecker sagt wegen „unwürdigen" Geredes im Vorfeld seinen für Monatsende geplanten Besuch in der Bundesrepublik ab, am 9.9. auch sein bulgarischer Kollege Schiwkoff. – In Kanada beendet der Konservative Brian Mulroney mit einem grandiosen Wahlsieg die lange Herrschaft der Liberalen. Er löst den erst seit Juni amtierenden Trudeau-Nachfolger Turner als Regierungschef ab. – Der SPD-Politiker Egon Bahr übernimmt von Wolf Graf Baudissin die Leitung des Hamburger Friedensforschungsinstituts.
5. Hans Friderichs, Vorstandssprecher der Dresdner Bank, läßt sich für seinen 1985 anstehenden Flick-Parteispendenprozeß vorübergehend freistellen.
6. Weil ihm offenbar der Abschuß des KAL-Jumbos von 1983 angelastet wird, muß Nikolai Ogarkow seinen Posten als sowjetischer Generalstabschef räumen.
9. In Paris stirbt 47jährig der türkische Regisseur und Regimegegner Yilmaz Güney, dessen Film „Yol" 1982 in Cannes mit der „Goldenen Palme" prämiert wurde.
12. Das Bundesarbeitsgericht hält Warnstreiks während noch laufender Tarifverhandlungen für rechtens und billigt damit die Taktik der „neuen Beweglichkeit". – Vor dem Landgericht Nürnberg beginnt der Prozeß gegen den Rechtsextremisten Karl-Heinz Hoffmann, dem Anstiftung zu einem Doppelmord vorgeworfen wird.
13. Acht Wochen nach den Wahlen in Israel bilden Likud-Block und Arbeiterpartei eine große Koalition. Schimon Peres wird Ministerpräsident, in zwei Jahren soll Likud-Führer Schamir ihn ablösen. – Italiens Außenminister Andreotti sorgt mit seiner Warnung vor einer deutschen Wiedervereinigung, die er später zurechtrückt, für beträchtlichen Wirbel.
18. In Quito/Ecuador stürzt ein Frachtflugzeug nach dem Start auf ein Wohngebiet; 74 Menschen kommen ums Leben.
19. Das Bundeskabinett beschließt, daß Neuwagen ab 1989 mit Katalysatoren auszurüsten sind; wer schon vorher ein umweltfreundliches Auto kauft, soll mit Steuervorteilen belohnt werden. Am selben Tag bringt die Ministerrunde ein Gesetz auf den Weg, das den Bau von Eigenheimen drastisch entbürokratisiert.

199

20. Zahlreiche Tote und Verletzte fordert ein Bombenanschlag auf die US-Botschaft in Ost-Beirut (199). Zu der Tat bekennt sich, wie schon bei früheren Attentaten, eine islamische Terror-Organisation. – Wegen Spionageverdachts wird bei MBB in München ein Abteilungsleiter verhaftet, der Zugang zum „Tornado"-Programm hatte. – Semjon Zarapkin, ehemaliger Sowjet-Botschafter in Bonn (200), stirbt 78jährig in Moskau.

200

201

21. CDU/CSU und FDP stimmen im Bundestag einer Jugendarbeitsschutz-Reform zu, die früheren Arbeitsbeginn und längere Schichten für Lehrlinge zuläßt.
22. Gemeinsam gedenken Helmut Kohl und François Mitterrand in Frankreich der Toten beider Weltkriege (201), da der Kanzler am 40. Jahrestag der Normandie-Invasion nicht eingeladen war.

202

25. Frankreich und Libyen ziehen ihre Truppen aus dem Tschad zurück (202), nachdem dessen Bürgerkriegsparteien Frieden signalisiert haben. – Im Alleingang nimmt Jordanien, Mitglied der Arabischen Liga, seine 1979 abgebrochenen Beziehungen zu Ägypten wieder auf.
26. In der Großen Halle des Volkes besiegeln die Vertreter Pekings und Londons, daß die britische Kronkolonie Hongkong 1997 an China zurückfällt, ihr kapitalistisches Wirtschaftssystem aber noch 50 Jahre lang beibehalten kann.
28. US-Präsident Reagan empfängt in Washington Andrej Gromyko. Es ist sein erstes Treffen mit einem Sowjetführer.
29. Weil erstmals ein Mafia-Boß sein Schweigen brach, können Italien und Amerika einen empfindlichen Schlag gegen das organisierte Verbrechen führen.
30. Bei den Kommunalwahlen in NRW wird die SPD landesweit stärkste Partei; großen Zulauf erhalten die Grünen.

OKTOBER

2. Die Schweiz erhält zum ersten Mal ein weibliches Regierungsmitglied: Elisabeth Kopp, die das Justizressort übernimmt. – Im Hamburger Hafen kollidiert eine Ausflugsbarkasse mit einem Schleppzug und sinkt; 19 Menschen ertrinken.
3. Alarmiert vom rapiden Waldsterben in der Bundesrepublik, will Bonns Kabinett per Großversuch die Auswirkungen eines Tempolimits testen lassen. – Die Contadora-Staaten Mexiko, Kolumbien, Panama und Venezuela legen dem Weltsicherheitsrat einen Friedensplan für die Krisenregion Mittelamerika vor.
4. Weil immer mehr DDR-Bürger in die bundesdeutsche Botschaft in Prag flüchten, muß diese schließen. Ost-Berlin drängt auf Rückkehr der Ausreisewilligen.
7. Bundeskanzler Kohl trifft, begleitet von einer ranghohen Wirtschaftsdelegation, zu einem einwöchigen Besuch in China ein. – In der Frankfurter Paulskirche nimmt der mexikanische Dichter Octavio Paz den diesjährigen Friedenspreis des Deutschen Buchhandels entgegen.
8. Jürgen Möllemann, Bonner Staatsminister und FDP-Landeschef, verzichtet auf die Spitzenkandidatur seiner Partei für die NRW-Landtagswahl 1985. Ihm war vorgeworfen worden, Amt und Privatgeschäfte miteinander verquickt zu haben.
9. Nach monatelanger Debatte über deren Schädlichkeit fordern drei obere Umweltbehörden strenge Auflagen für die vielfach verwendete Chemikalie Formaldehyd. An besorgte Bürger verteilen die Gesundheitsämter Teströhrchen (203).

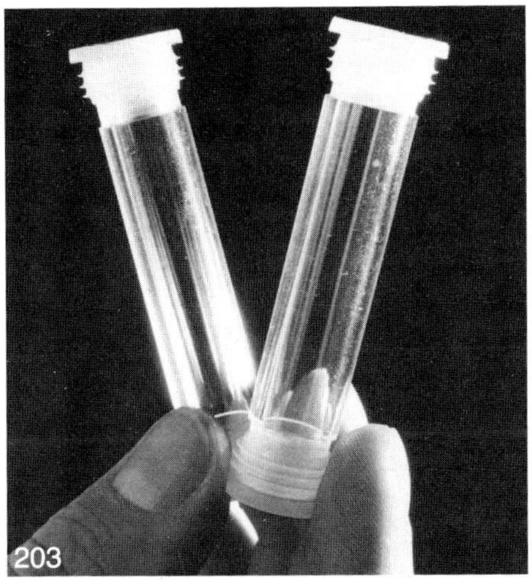
203

12. Nordirlands IRA verübt einem Bombenanschlag auf das Hotel in Brighton, in dem Margaret Thatcher und ihre Mannschaft während des Parteitags der britischen Konservation wohnen. Vier Tote und 32 Verletzte sind zu beklagen.

15. Anders als seine Ostblock-Kollegen Honecker und Schiwkoff, kommt Rumäniens Staatschef Ceauşescu wie zugesagt nach Bonn. Streit gibt es mit ihm nur um die deutsche Minderheit in seinem Lande. – El Salvadors christdemokratischer Präsident Duarte trifft sich im Bergort La Palma erstmals zum Friedensdialog mit Führern der Links-Guerilla.

204

16. Bischof Tutu aus Südafrika erhält für seinen Anti-Apartheids-Kampf den Friedensnobelpreis. Den Preis für Medizin teilte sich tags zuvor, als erster Deutscher seit 1973, der Immunologe Georges Köhler (204) mit zwei Kollegen. – Kurz vor dem zweiten TV-Duell der US-Wahlkämpfer Reagan und Mondale wird die Existenz einer CIA-Fibel enthüllt, die die Contras in Nicaragua zu Terror, Sabotage und politischem Mord anleitet.
17. Wegen der „Pillenknick"-Personalnot der Bundeswehr wird der Wehrdienst ab 1989 um drei Monate verlängert.
19. In Polen entführen drei Sicherheitsbeamte des Innenministeriums den oppositionellen Priester Jerzy Popieluszko (205) und bringen ihn um. Die Hintergründe des Verbrechens liegen vorerst im Dunkel.

205

206

21. François Truffaut, Frankreichs populärster Filmregisseur der „Nouvelle Vague" (206), stirbt 52jährig in Paris.
22. Die Bonner Koalition einigt sich über die Einführung eines fälschungssicheren, maschinenlesbaren Personalausweises, den SPD und Grüne weiterhin ablehnen. – Im 81. Lebensjahr stirbt Oscar Fritz Schuh, einer der großen Regisseure an deutschsprachigen Bühnen.
23. 14 Monate nach dem Mord an dem philippinischen Oppositionsführer Benigno Aquino muß Diktator Marcos eingestehen, daß dies ein Militärkomplott war.
24. Krupp und Klöckner kündigen für 1985 die Fusion ihrer Stahlwerke an, was 3000 Arbeitsplätze kosten soll.
25. Weil es heißt, daß er in den 70er Jahren vom Flick-Konzern mit 1,7 Millionen Mark ausgehalten wurde, tritt Rainer Barzel, CDU, als Bundestagspräsident zurück. – Auf energisches Drängen von Paris begnadigt Afghanistan den französischen Reporter Jacques Abouchar, den es wegen illegalen Grenzübertritts zu 18 Jahren Haft verurteilte. – Die UdSSR bekräftigt, daß sie erst nach Abzug der US-Raketen aus Westeuropa neue Abrüstungsgespräche führen werde.
28. Die Kommunalwahlen Baden-Württembergs bringen den Grünen große Gewinne, allen anderen Parteien Verluste.
30. In Chile fordern Zusammenstöße zwischen Polizei und Gegnern des Militärregimes mindestens sieben Todesopfer.
31. Indiens Ministerpräsidentin Gandhi wird von drei Leibwächtern, die zu den Sikhs gehören, durch Schüsse schwer verletzt und stirbt später im Krankenhaus.

REGISTER

Abouchar, Jacques; Seite 111
Agca, Ali; Seite 19
Albertz, Heinrich; Seite 9
Albrecht, Ernst; Seite 74
Alexandrow, Alexander; Seite 100
Alfonsín, Raúl; Seite 20, 101, 105
Andersen-Schiess, Gaby; Seite 83
Andreotti, Giulio; Seite 89, 110
Andropow, Jurij; Seite 37, 103
Angerer, Peter; Seite 35
Apel, Hans; Seite 31, 104
Aquino, Benigno; Seite 111
Arafat, Jassir; Seite 19, 101
Arndt, Otto; Seite 108

Bahr, Egon; Seite 110
Bangemann, Martin; Seite 66, 107, 108
Barzel, Rainer; Seite 97, 111
Basie, Count; Seite 105
Bastian, Gert; Seite 55, 103
Baudissin, Wolf Graf; Seite 110
Baudouin I, König; Seite 68
Beckenbauer, Franz; Seite 70
Beck-Oberdorf, Marielouise; Seite 55
Beggs, James; Seite 104
Benda, Ernst; Seite 16
Benoit, Joan; Seite 83
Berg, Ingrid; Seite 104
Berlinguer, Enrico; Seite 66, 107
Biedenkopf, Kurt; Seite 107
Bishop, Maurice; Seite 6
Bleuel, Peter; Seite 54
Böll, Heinrich; Seite 9
Boenisch, Peter; Seite 98
Börner, Holger; Seite 11, 107
Boock, Peter; Seite 106
Borgmann, Annemarie; Seite 55
Botha, Pieter; Seite 104, 107, 110
Brandt, Willy; Seite 11, 26
Brauchitsch, Eberhard von; Seite 13, 100
Brecht, Bertolt; Seite 73
Breschnew, Leonid; Seite 37, 103
Brooks, James; Seite 105
Brugger, Karl; Seite 102
Budd, Zola; Seite 83
Buhari, Mohammed; Seite 101
Bulgari, Giorgio Calissoni-; Seite 101
Burgiba, Habib; Seite 27
Burton, Richard; Seite 109
Bush, George; Seite 109

Capote, Truman; Seite 109
Carrington, Lord; Seite 107
Carstens, Karl; Seite 103, 106, 108
Carter, Jimmy; Seite 108
Casaroli, Agostino; Seite 36
Castro, Fidel; Seite 6
Ceauşescu, Nicolae; Seite 98, 111
Chun Doo Hwan; Seite 91
Cinderella; Seite 72
Coogan, Jackie; Seite 104
Craxi, Bettino; Seite 36, 89

D' Aubuisson, Roberto; Seite 48, 103, 104, 106
Daun, Heidemarie; Seite 55
David; Seite 103
Dean, Christopher; Seite 34
Decker, Mary; Seite 83
DeLorean, John; Seite 109
Deng Xiaoping; Seite 58
Denktaş, Rauf; Seite 100
Derwall, Jupp; Seite 70
Diepgen, Eberhard; Seite 31, 65
Dohnanyi, Klaus von; Seite 25
Dollinger, Werner; Seite 102
Dors, Diana; Seite 106
Dregger, Alfred; Seite 89
Duarte, José Napoleón; Seite 48, 104, 106, 111
Duck, Dagobert; Seite 72
Duck, Donald; Seite 72

Eisenmann, Ernst; Seite 61
Elisabeth II., Königin von England; Seite 63, 68
Ende, Michael; Seite 51
Engelhard, Hans; Seite 108
Engelmann, Bernt; Seite 54
Esch, Horst-Dieter; Seite 12

Fabius, Laurent; Seite 56, 108
Ferraro, Geraldine; Seite 108
Flick, Friedrich Karl; Seite 13
Ford, Gerald; Seite 105
Foucault, Michel; Seite 107
Franke, Heinrich; Seite 43
Friderichs, Hans; Seite 13, 100, 110
Fühmann, Franz; Seite 108

Gaddafi, Muammar el-; Seite 56, 105, 106
Galen, Ferdinand Graf v.; Seite 12
Gandhi, Indira; Seite 36, 97, 111
Geißler, Heiner; Seite 108
Genscher, Hans-Dietrich; Seite 105, 106, 107, 108
Gimbel, Peter; Seite 86
Girth, Peter; Seite 65
Goofy; Seite 72
Graefe zu Baringdorf, Friedrich-Wilhelm; Seite 66
Grass, Günter; Seite 9, 16
Gromyko, Andrej; Seite 28, 92, 110
Groß, Michael; Seite 80
Grundig, Max; Seite 105
Güney, Yilmaz; Seite 110

Hackethal, Julius; Seite 54
Hagelstange, Rudolf; Seite 109
Handlos, Franz; Seite 100
Hartling, Poul; Seite 101
Heidemann, Gerd; Seite 85, 109
Heineken, Alfred; Seite 100
Heinrich der Löwe; Seite 15
Heller, André; Seite 73
Herrmann, Hans; Seite 59
Herstatt, Iwan D.; Seite 31
Herzog, Chaim; Seite 90
Hickel, Erika; Seite 55
Hingsen, Jürgen; Seite 83
Hitler, Adolf; Seite 72, 109
Hoffmann, Karl-Heinz; Seite 110
Hoffmann, Willi O.; Seite 50
Honecker, Erich; Seite 89, 98, 103, 104, 110, 111
Huber, Helmut; Seite 95
Hu Yaobang; Seite 58

Jackson, Michael; Seite 77
Jean, Großherzog (Luxemburg); Seite 68
Johannes Paul II.; Seite 19, 106
Johnson, Uwe; Seite 104

Karajan, Herbert von; Seite 65
Karame, Raschid; Seite 105, 107
Kelly, Petra; Seite 55
Kern, Roland; Seite 11
Kerner, Susanne; Seite 44
Khomeini, Ruhollah; Seite 109
Kiesl, Erich; Seite 43, 95
Kießling, Günter; Seite 42, 102, 107
Kissinger, Henry; Seite 58
Klar, Christian; Seite 103
Köhler, Georges; Seite 111
König, Jörg; Seite 106
Kohl, Helmut; Seite 26, 97, 103, 104, 105, 108, 110, 111
Kopp, Elisabeth; Seite 111
Kraus, Brigitte; Seite 83
Kronawitter, Georg; Seite 43
Kujau, Konrad; Seite 85, 109
Kvalfoss, Eirik; Seite 34

Lambsdorff, Otto Graf; Seite 13, 66, 100, 107
Langemann, Hans; Seite 105
Leber, Georg; Seite 61, 107, 108
Lewis, Carl; Seite 80
Lindenberg, Udo; Seite 106
Li Xiannian; Seite 58
Ljachow, Wladimir; Seite 100
Lohse, Dr. Eduard; Seite 77
Losey, Joseph; Seite 107
Lummer, Heinrich; Seite 17
Luns, Joseph; Seite 107

Machel, Samora; Seite 104
MacLaine, Shirley; Seite 105
Marcos, Ferdinand; Seite 111
Mason, James; Seite 108
Mauroy, Pierre; Seite 108
McCandless, Bruce; Seite 39
Mechtersheimer, Alfred; Seite 16
Merbold, Ulf; Seite 7, 101
Meyer, Sabine; Seite 65

Meyfarth, Ulrike; Seite 80
Mickey; Seite 72
Minnie Mouse; Seite 72
Miró, Joan; Seite 101
Mittag, Günter; Seite 105
Mitterrand, François; Seite 47, 56, 68, 110
Möllemann, Jürgen; Seite 111
Mohnhaupt, Brigitte; Seite 103
Mondale, Walter; Seite 28, 108, 111
Monroe, Marilyn; Seite 106
Mubarak, Husni; Seite 19
Mulroney, Brian; Seite 110

Nägeli, Harald; Seite 41
Nakasone, Yasuhiro; Seite 91
Natta, Alessandro; Seite 107
Nehru, Jawaharlal; Seite 97
Nemitz, Manfred; Seite 100
Nena; Seite 44
Nicholson, Jack; Seite 105
Nickels, Christa; Seite 55
Niemöller, Martin; Seite 104
Nixon, Richard; Seite 58

Ösgün, Ahmet; Seite 33
Özal, Turgut; Seite 7, 100
Ogarkow, Nikolai; Seite 110
Olav, König von Norwegen; Seite 68
Ortega, Daniel; Seite 69
Orwell, George; Seite 21

Paz, Octavio; Seite 111
Pelligrini, Ernesto; Seite 50
Peres, Schimon; Seite 90, 110
Platini, Michel; Seite 70
Pluto; Seite 72
Popieluszko, Jerzy; Seite 111
Priestley, John B.; Seite 109

Reagan, Ronald; Seite 6, 28, 39, 58, 68, 79, 92, 102, 104, 105, 106, 107, 108, 109, 110, 111
Riemer, Horst-Ludwig; Seite 100
Riesenhuber, Heinz; Seite 103
Rinser, Luise; Seite 16, 60, 106
Ristock, Harry; Seite 104
Romero, Oscar; Seite 103
Rütting, Barbara; Seite 52
Rummenigge, Karl-Heinz; Seite 50

Sacharow, Andrej; Seite 106
Sänger, Fritz; Seite 108
Schadli, Benjedid; Seite 100
Schamir, Yitzhak; Seite 90, 110
Schily, Otto; Seite 55, 60
Schiwkoff, Todor; Seite 98, 110, 111
Schmidt, Helmut; Seite 10
Scholz, Gustav („Bubi"); Seite 77
Scholz, Helga; Seite 77
Schoppe, Waltraud; Seite 55
Schuh, Oscar Fritz; Seite 111
Schumacher, Toni; Seite 70
Schwarz-Schilling, Christian; Seite 23, 107, 109
Scoon, Paul; Seite 100
Shaw, Irwin; Seite 106
Shultz, George P; Seite 28, 69
Sperber, Manès; Seite 103
Stanggassinger, Hans; Seite 34
Staudte, Wolfgang; Seite 102
Stihl, Hans Peter; Seite 61
Stingl, Josef; Seite 43
Stirling, James; Seite 46
Stoph, Willi; Seite 33, 104
Strauß, Franz Josef; Seite 89, 100, 107
Strauß, Marianne; Seite 107
Süßmeier, Richard; Seite 95
Szabo, Ecaterina; Seite 80

Tandler, Gerold; Seite 43
Taylor, Elizabeth; Seite 109
Thatcher, Margaret; Seite 47, 96, 104, 111
Thompson, Daley; Seite 83
Torvill, Jayne; Seite 34
Touré, Sekou; Seite 104
Treholt, Arne; Seite 102
Trudeau, Pierre Elliott; Seite 107, 110
Truffaut, François; Seite 111
Tschernenko, Konstantin; Seite 37, 103, 106
Turner, John; Seite 107, 110
Tussaud, Madame; Seite 21
Tutu, Desmond; Seite 98, 111

Voigt, Ekkehard; Seite 100
Vollmer, Antje; Seite 55, 60, 66

Walde, Eberhard; Seite 60
Walesa, Danuta; Seite 19
Walesa, Lech; Seite 19
Weissmüller, Johnny; Seite 102
Weizsäcker, Richard von; Seite 23, 31, 60, 98, 106, 108
Wembacher, Franz; Seite 34
Wenders, Wim; Seite 64
White, Robert; Seite 103
Wiesheu, Otto; Seite 100
Wilms, Dorothee; Seite 109
Wörner, Manfred; Seite 42, 55, 102, 107
Wunderlich, Erhard; Seite 83

Zarapkin, Semjon; Seite 110
Zeidler, Wolfgang; Seite 16
Zimmermann, Friedrich; Seite 11, 101

BILD-NACHWEIS

(nach Bildnummern geordnet)

ARGUS, Hamburg; 7, 36, 37, 67
Lorenz Baader, München; 80
Bildagentur Jürgens, Köln; 58
Bilderdienst Süddeutscher Verlag, München; 100, 181
Central Press Photo, London; 192
Deutsche Presse-Agentur (dpa), Hamburg; 2, 8, 10, 11, 14, 21, 22, 23, 24, 31, 32, 33, 34, 35, 38, 44, 45, 48, 51, 53, 54, 55, 61, 62, 65, 68, 69, 71, 75, 76, 79, 81, 83, 84, 85, 86, 89, 93, 95, 96, 101, 102, 109, 110, 112, 113, 114, 117, 118, 122, 124, 127, 128, 129, 130, 136, 137, 138, 143, 144, 145, 147, 148, 149, 165, 166, 169, 174, 177, 178, 180, 184, 187, 190, 191, 193, 195, 196, 197, 200, 201, 202
Express Newspapers, London; 20, 107
GAMMA, Paris; 3, 4, 19, 27, 28, 41, 42, 56, 60, 64, 74, 78, 90, 91, 98, 105, 121, 131, 132, 135, 139, 140, 150, 151, 168, 172, 175, 182, 186, 188, 198, 199, 206
Thomas Hegenbart; 18
Calle Hesslefors, Rödermark-Waldacker; 12
Barbara Klemm, Frankfurt; 39
MAGNUM, Paris; 13
Neue Constantin Film; 82
Norsk Presse Service, Oslo; 25
PANDIS, München; 6, 26, 29, 30, 43, 59, 63, 92, 99, 106, 123, 142, 146, 173, 179, 183, 194
photo ESA, Paris; 5
POLY-PRESS, Bonn; 15, 16, 17, 40, 52, 66, 70, 94, 97, 103, 104, 115, 133, 141, 176, 203
stern, Hamburg; 49, 50
Sven Simon, Bonn/Essen; 46, 47, 88, 111, 125, 171
The Associated Press (AP), Frankfurt; 9, 57, 77, 87, 108, 116, 119, 120, 126, 134, 167, 170, 185, 189, 204, 205
Manfred Vollmer, Essen; 1
Peter Walser, Stuttgart; 72, 73

Einband/Vorderseite:
Gamma (3)
Sven Simon (1)
Wilfried Witters (1)

Einband/Rückseite:
dpa (4)
Sven Simon (1)